本书为教育部人文社会科学研究一般项目
"过渡性理论观照下的俄语语法研究"的研究成果
(项目编号：13YJA740085)

本书获得北京大学上山出版基金资助，特此致谢！

青年学者文库

现代俄语无动词句研究
A Research on Verbless Sentences in Modern Russian

周海燕 著

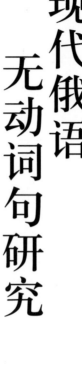

北京大学出版社
PEKING UNIVERSITY PRESS

图书在版编目(CIP)数据

现代俄语无动词句研究/周海燕 著—北京:北京大学出版社,2016.1
(青年学者文库)
ISBN 978-7-301-26942-8

Ⅰ.①现… Ⅱ.①周… Ⅲ.①俄语—句法—研究 Ⅳ.①H354.3

中国版本图书馆CIP数据核字(2016)第032568号

书　　名	现代俄语无动词句研究
	XIANDAI EYU WUDONGCIJU YANJIU
著作责任者	周海燕 著
责任编辑	李 哲
标准书号	ISBN 978-7-301-26942-8
出版发行	北京大学出版社
地　　址	北京市海淀区成府路205号　100871
网　　址	http://www.pup.cn　新浪微博:@北京大学出版社
电子信箱	pup_russian@163.com
电　　话	邮购部 62752015　发行部 62750672　编辑部 62759634
印　刷　者	三河市北燕印装有限公司
经　销　者	新华书店
	650毫米×980毫米　16开本　12.25印张　150千字
	2016年1月第1版　2016年1月第1次印刷
定　　价	35.00元

未经许可,不得以任何方式复制或抄袭本书之部分或全部内容。
版权所有,侵权必究
举报电话:010-62752024　电子信箱:fd@pup.pku.edu.cn
图书如有印装质量问题,请与出版部联系,电话:010-62756370

前　言

在现代俄语中应用着大量的无动词句（безглагольное предложение），如：Казбич — к окну; Брат домой; Мы о деле; Вы бы про Тоню; Лошадей мне, милостивый государь; Он за кинжал; Я тебя кочергой; Сестра в городе; Книга на столе 等等。在俄罗斯语法学界由于受"动词中心论"（即动词必须参与句子的构成）观点的长期束缚，无动词句常常被划入"不完全句"的行列。事实上，这些在口语及文学作品中大量应用的无动词句已经具备了结构—语义上的完整性，它们虽不能与大量的动词句抗衡，但以其简洁的表达手段、丰富的表情功能以及高频率的使用和独特的交际特色在简单句体系中占有特殊的地位，已经成为表情句法学所研究的最重要的表达手段之一。众所周知，语言学研究需要以言语实际为依托，而不是孤立、静止地分析语言现象。正是在这种大背景下，无动词句引起了各派语言学家的兴趣，不止一次地成为专家学者，如彼什科夫斯基（А.М. Пешковский）、沙赫马托夫（А.А. Шахматов）、维诺格拉多夫（В.В. Виноградов）、什维多娃（Н.Ю. Шведова）、佐洛托娃（Г.А. Золотова）、加尔金娜—费多鲁克（Е.М. Галкина-Федорук）、希里亚耶夫（Е.Н. Ширяев）、列卡恩特（П.А. Лекант）、斯科沃罗德尼科夫（А.П. Сковородников）、巴巴依采娃（В.В. Бабайцева）、泽姆斯卡娅（Е.А. Земская）、魏赫曼（Г.А. Вейхман）、哈布尔加耶夫（Г.А. Хабургаев）、波波娃（И.А. Попова）、罗斯洛维茨（Я.И. Рословец）等人的研究对象，又有许多俄语研究者，如博若克

（И.А. Божок）、莫斯克维京娜（Л.И. Москвитина）、特鲁奇尼娜（Г.А. Дручинина）、波列茨基（Т.Д. Порецких）、别兹杰涅日内赫（Е.Л. Безденежных）、图拉索娃（А.В. Турасова）、福米内赫（Б.И. Фоминых）、塔巴科娃（З.П. Табакова）等以此为题撰写学位论文。但是这一领域仍有许多问题悬而未决，如无动词句的界定标准及范围，其区分性的结构—语义特征，无动词句与动词句的关系，无动词句与不完全句、非动词句的区别，在无动词句内部是否存在中心和边缘句型，如果无动词句具有述谓性，那么，无动词句述谓性的表达手段有哪些特点等等。因此，本书以应用最多的双成素无动词句为研究对象，试图对上述问题作出回答。

此外，无动词句对于我国的俄语研究者和学习者来说较为陌生，这方面的论述不多。① 由于动词是中国俄语学习者最难掌握的词类，动词的重要性无形之中得到了过多强调，于是对俄语学习者来说，理解和正确运用这些具有丰富表情功能的无动词句并非易事。因此，本书对无动词句进行分析和描述具有很强的教学实践意义。

无动词句这一术语经常被学者们使用，但他们往往不对其作界定。无动词句常常成为非动词句（неглагольные предложения）、省略句（эллиптические предложения）、带零位谓语的句子（предложения с нулевым сказуемым）的同义词。本书在研读了大量理论著作和文学作品的基础上提出无动词句的界定标准，即这类句子是由表示人或物的名词构成的主体和

---

① 关于无动词句在我国的相关论述，请参见吴贻翼：“试谈现代俄语中的无动词句”，《中国俄语教学》，2000年第1期；吴贻翼：“再谈现代俄语中的无动词句"，《中国俄语教学》，2000年第2期；刘利民：“论现代俄语零位动词句”，《中国俄语教学》，1991年第2期；郭聿楷：“俄语中动词谓语省略结构”，《中国俄语教学》，1982年第2期；鲍红：《语篇结构中的俄语句法表情手段》，北京大学博士学位论文，1997年；安强：“零动词谓语句的意义”，《外语学刊》，2003年第1期；周海燕：“俄语无动词句重论——对无动词句研究中心的句法学基本问题的再认识"，《中国俄语教学》，2004年第1期；于雅雯：“俄语口语中的无动词句研究”，东北师范大学硕士学位论文，2006年等。

表示行为、状态或关系的名词间接格形式(副词)等构成的述体组成。句中虽然没有动词的参与,只有表示人或物的行为、状态或关系的名词类、副词类等成素,但却能表达动词句所擅长表达的运动、言语等行为意义,并与相应的动词句形成结构—语义对应体,无动词句是结构—语义完整的完全句。而非动词句实际上是并不引起歧义的静词性谓语句,即句中的述体由动词外的其他词类来表达,非动词句与动词句相对立,而无动词句则与动词句相对应。很多学者将某些类型的非动词句归为无动词句。

  本书以目前在俄语语言学界引起争议最多的无动词动态句(其类型句为:Отец к окну)和无动词静态句(其类型句为:Отец в городе)为研究对象。①这两类句子在形成源泉、语义内容、述谓性表达、模型的具体词汇填充等诸多方面都不同,这里将其统称为双成素无动词句。传统语法以是否进入句子的述谓核心为标准把句子成分划分为主要成分和次要成分两类。具有两个主要成分,即主语和谓语的句子称为双部句,只有一个主要成分的句子称为单部句。双部句中的主语和谓语相互依存、相互制约:谓语决定主语必须用第一格形式,而主语又决定谓语必须与其保持性、数、人称一致。但是述谓关系不仅仅只存在于传统的主语和谓语之间,这一点已经引起了很多学者的注意。佐洛托娃②指出:"借助于最低限度述谓单位与句子模型的概念,那些为了表达句子的类型意义而互为条件地由述谓联系组合在一起的句法形式可以充当句子的主要成分或者是句子的组织核心,并且这些句法形式经常并不由名词一格和动词变位形式来表达。"对于 Мне идти 这类句子,传统上认为是无人称句或不定形式句,其中第三格形式表示的成素由于不与动词保持一致关系而被称为"句子的必需成素""句子形式不可分割的部分""句子的核心

---

① 哈布尔加耶夫、福米内赫、加尔金娜—费多鲁克等学者对这两类句子并不加以区分。
② Золотова Г.А. Очерк функционального синтаксиса, М., 1973, стр. 60.

成素""句子的结构成素"等等①。但这种主语同谓语形式上的不一致并不妨碍构成合理的句子,也并不妨碍两者之间形成述谓关系。佐洛托娃坚持形式和意义的相互作用,她认为将主语固定在一格形式根本无法解释众多复杂的俄语句子结构……她视句子为统一的整体,坚持应该从形式、功能和意义的角度,而不仅仅从结构的角度孤立地看待句子。②的确,句子作为多层面的语言单位,不能仅从形态角度来分析,句子的语义组织、交际组织也同样重要。本书以"双成素"取代"双部",同时以主体和述体来代替主语和谓语,以便综合分析句子的结构、语义和交际功能。关于无动词句的结构—语义完整性,在现阶段有两种看法:彼什科夫斯基、沙赫马托夫、福米内赫、希里亚耶夫等学者认为这类句子在结构上有所"欠缺",而佐洛托娃、什维多娃、列卡恩特、别兹杰涅日内赫等学者则认为无动词句是结构完整的句型,句中名词间接格形式已经可以承担起述体的功能。相对于结构完整性,无动词句的语义完整性不引起太多争议。

  无动词句的研究与语言和言语、述谓性、配价、聚合体和简单句的模型以及语言现象具有过渡性等语言学的基本问题紧密相关,本书在综合分析上述问题,并在回顾无动词句的研究历史和各派观点的基础上,提出以下观点:

1. 从形态—语义角度讲,无动词句由表示人或物的名词(代词)构成的主体和表示行为、状态或关系的名词间接格形式(副词)等构成的述体组成,并通过逆向配价的作用预示出全句的典型意义,已经成为结构—语义均完整的句型。
2. 无动词句中的主体和述体可以表达述谓关系,它们同其他的类型句一样具有述谓性,只是在时间意义和情态意义的表达方面受些限制,其聚合体形式没有获得完全

---

① Гиро-Вебер М. К вопросу о классификации простого предложения в современном русском языке// ВЯ.,1979, No6, стр. 65.
② 鲍红:"Г.А.Золотова的理论体系",《中国俄语教学》,2000年第3期,第15页。

体现。

3. 无动词句与不完全句的区别在于，它们可以脱离开上下文及情景而存在；无动词句与非动词句也不同，无动词句与动词句相对应，而非动词句与动词句相对立。

句子是多层面的语言单位，只有对句子的结构、语义、交际修辞特色进行综合分析才能揭示其实质。本书对无动词句的研究将采用多角度的分析方法。在以往的论述无动词句的文章中经常运用与动词句对比的方法，对比法在本书中也处处可见，但我们不是通过与动词句的对比来找出无动词句所缺少的内容，而是通过对比进一步揭示无动词句的独特之处。本书不仅将无动词句和动词句相对比，还要将其与不完全句、非动词句相对比。其次，本书将无动词句的研究置于俄罗斯语言学家巴巴依采娃的过渡性理论框架下，采用过渡率(шкала переходности)来综合分析具有相似结构成素的动词句、不完全句、无动词静态句、无动词动态句和非动词句，以便清楚地揭示这几类句子在语义内容、述谓性的表达手段、聚合体形式、具体词汇填充等方面的不同，展现无动词句在简单句体系中的边缘位置。有说服力的结论总是以丰富的实例为依托，本书通过对作家作品的阅读搜集到大量鲜活的例子，并充分利用俄罗斯国家语料库[Национальный корпус русского языка (http://www.ruscorpora.ru/)]的网络资源来搜集例证，这些正是全面研究无动词句所必不可少的。

综上所述，本书在结合国内外语言学家的研究成果基础上，试图建立一个较为完整的无动词句理论体系，探求无动词句产生的源泉和存在的理论基础，对无动词句提出一个较合理的定义和范围界定。同时，本书对无动词句的两大类型——动态句和静态句进行全面系统的结构—语义分析，尤其是对俄罗斯学者很少涉及的无动词句的某些类型以及其他一些边缘无动词句也将进行描写。

目　录

第一章　无动词句的研究概述 ⋯⋯⋯⋯⋯⋯⋯⋯⋯⋯⋯⋯ 1
　第一节　罗蒙诺索夫及逻辑学派、心理学派、形式—语法学派
　　　　　的句法学说 ⋯⋯⋯⋯⋯⋯⋯⋯⋯⋯⋯⋯⋯⋯⋯⋯ 2
　第二节　彼什科夫斯基和沙赫马托夫的句法观点 ⋯⋯⋯⋯ 5
　第三节　科学院三部语法的句法理论 ⋯⋯⋯⋯⋯⋯⋯⋯⋯ 9

第二章　无动词句的理论基础 ⋯⋯⋯⋯⋯⋯⋯⋯⋯⋯⋯⋯ 13
　第一节　语言和言语 ⋯⋯⋯⋯⋯⋯⋯⋯⋯⋯⋯⋯⋯⋯⋯ 13
　　　　一、语言和言语问题概述 ⋯⋯⋯⋯⋯⋯⋯⋯⋯⋯⋯ 13
　　　　二、句法层面语言和言语的关系以及无动词句的归
　　　　　　属 ⋯⋯⋯⋯⋯⋯⋯⋯⋯⋯⋯⋯⋯⋯⋯⋯⋯⋯ 16
　第二节　述谓性 ⋯⋯⋯⋯⋯⋯⋯⋯⋯⋯⋯⋯⋯⋯⋯⋯⋯ 18
　　　　一、对述谓性的两种理解 ⋯⋯⋯⋯⋯⋯⋯⋯⋯⋯⋯ 19
　　　　二、述谓性的表现范畴 ⋯⋯⋯⋯⋯⋯⋯⋯⋯⋯⋯⋯ 23
　第三节　配价 ⋯⋯⋯⋯⋯⋯⋯⋯⋯⋯⋯⋯⋯⋯⋯⋯⋯⋯ 26
　　　　一、顺向配价 ⋯⋯⋯⋯⋯⋯⋯⋯⋯⋯⋯⋯⋯⋯⋯⋯ 28
　　　　二、逆向配价 ⋯⋯⋯⋯⋯⋯⋯⋯⋯⋯⋯⋯⋯⋯⋯⋯ 31
　第四节　聚合体 ⋯⋯⋯⋯⋯⋯⋯⋯⋯⋯⋯⋯⋯⋯⋯⋯⋯ 35
　　　　一、狭义与广义理解的聚合体 ⋯⋯⋯⋯⋯⋯⋯⋯⋯ 36
　　　　二、无动词句的聚合体形式 ⋯⋯⋯⋯⋯⋯⋯⋯⋯⋯ 39
　第五节　简单句的模型 ⋯⋯⋯⋯⋯⋯⋯⋯⋯⋯⋯⋯⋯⋯ 41
　第六节　过渡性理论 ⋯⋯⋯⋯⋯⋯⋯⋯⋯⋯⋯⋯⋯⋯⋯ 47

第三章　我们所理解的无动词句 …………………… 51
第一节　重议不完全句 ………………………………… 52
一、不完全句的划分标准 ……………………… 52
二、不完全句的综合分析 ……………………… 58
第二节　动词与句子 …………………………………… 59
第三节　零位及省略等术语的应用 …………………… 63
一、零位 ………………………………………… 64
二、省略 ………………………………………… 67
三、零位与省略的关系 ………………………… 69
第四节　无动词句的界定及其范围 …………………… 70

第四章　双成素无动词动态句 …………………… 79
第一节　无动词动态句的产生 ………………………… 81
一、名词间接格形式充当述体 ………………… 81
二、俄语简单句句型的演变 …………………… 86
三、无动词动态句与动词句的关系 …………… 87
第二节　无动词动态句的语义分类及其结构成素分析 … 93
一、无动词动态运动句 ………………………… 94
二、无动词言语句 ……………………………… 100
三、无动词转交给予句 ………………………… 102
四、无动词具体动作(打、揍、抓等)句 ……… 103
第三节　无动词动态句中述谓性的表达 ……………… 107
一、情态意义 …………………………………… 109
二、时间意义 …………………………………… 111
三、人称意义 …………………………………… 113
四、主观情态性的表达 ………………………… 115
五、述谓情态意义 ……………………………… 115
第四节　无动词动态句的修辞特色及其应用范围 …… 116

第五章　双成素无动词静态句 …… 123

第一节　无动词静态句的形成源泉及其句法实质…… 123

一、语言学著作中对这类句子的评定 …… 124

二、быть 的语义分类 …… 126

三、Отец в городе 和 Отец（был, будет）в городе 的关系 …… 130

第二节　无动词静态句的同义结构 …… 133

第三节　无动词静态句的结构—语义分析 …… 137

一、主体的表达手段 …… 137

二、述体的表达手段 …… 139

第四节　无动词静态句的述谓性表达手段及其修辞特色 …… 145

第六章　无动词句在简单句体系中的位置 …… 149

结　论 …… 156

参考文献 …… 159

例子出处 …… 182

第一章
无动词句的研究概述

　　无动词句不属于研究甚少的课题,有关这一语法现象已有诸多论述,并且所选取的语言材料也十分丰富,包括英语、法语、德语等语种,但仍有许多问题悬而未决。在提出这些问题之前,有必要先回顾一下无动词句的研究历史,梳理语言学的发展方向及各学派学者的不同构想、主张,这将有助于正确地分析本书所要研究的内容。正如俄国著名学者列昂季耶夫(Л.Л. Леонтьев)所讲:"不了解问题的历史就不能认真地从事理论研究。只有了解问题的研究史,我们才能正确理解自己的知识结构以及正确认识个别问题在整个科学领域内的相对重要性及前景。"①

　　在俄罗斯语言学界,受"动词中心论"观点的长期束缚,可以讲,在沙赫马托夫和彼什科夫斯基之前,无动词句几乎没有引起研究者的注意和兴趣,最多也只是在阐述谓语问题时谈及无动词句,并且它们在结构层面总是有所"欠缺",一直被认为是不完全句,根本不能与动词句同日而语。

---

① Леонтьев А.А. Язык. Речь. Речевая деятельность, М., 1969, стр. 211.

第一节　罗蒙诺索夫及逻辑学派、心理学派、形式—语法学派的句法学说

在奠定了句子理论基础的语言学家,如罗蒙诺索夫(М.В. Ломоносов)、沃斯托科夫(А.Х. Востоков)、布斯拉耶夫(Ф.И. Буслаев)等的著作中并没有对无动词句进行描写。罗蒙诺索夫的《俄罗斯语法》(《Российская грамматика》)出版于1757年,这是用俄语写作的第一部俄语语法。在这部语法著作中,他遵循的是古希腊罗马的语法传统。罗蒙诺索夫的句法学说实际上是词组学说,对句子只作一般介绍。他为句子下的定义是"结合起来的思想(即指概念结合)在逻辑上叫做判断,判断用语言或文字表达出来,叫做句子。"① 罗蒙诺索夫认为句子中必须有两个成分——名词和动词。"句子有两个部分——主语和谓语,主语表示我们所判断的事物,谓语表示我们对主语所作的判断","句中占首位的是表示事物的名词,然后是表示事物动作的动词。"②

以布斯拉耶夫为代表的逻辑学派则将语法和逻辑相等同,把句子的结构归结为三成分的公式,即主语、谓语和系词。他写道:"所有的词都是共同观念和概念的名称,因此,同一个词可以表达不同事物的概念。""把谓语和主语列在一起称为判断。用词语表达的判断就是句子……判断的全部力量都包含在谓语中。没有谓语就不能成为判断。"③对句子的如此理解就缩小了谓语范围,在谓语和动词之间划了等号。"句子的最主要成分是谓语,而谓语的最原始和自身的表达方式为动词。"④布斯拉耶夫

---

① Ломоносов М.В. Российская грамматика, полное собрание сочинений, т. 7, М., 1952, стр. 418.
② Там же, стр. 418;黄树南:"俄语句法学说简史",《俄语教学与研究论丛》2,黑龙江大学俄语系学术委员会,1984年,第6页。
③ Буслаев Ф.И. Историческая грамматика русского языка, изд.5, М., 1959, стр. 256, 258.
④ Там же, стр. 271.

的观点主要受西欧普遍语法①的影响,因为在德语的句子里不可能没有动词—系词。这样,逻辑学派的语言学家认为所有的句子都源于动词。如果句中没有动词,则是对动词的省略和紧缩。"句子的所有主要成分都获得表现形式的为完全句,而某个主要成分被省略的则称为紧缩句。"②

不仅逻辑学派的学者认为动词的缺少是句子不完整的标志,心理学派和形式—语法学派的学者们也持这种观点。这也反映在波捷布尼亚(А.А. Потебня)的著作中。波捷布尼亚是俄国语言学界心理学派的著名代表,是具有独创精神的语言思想家。与布斯拉耶夫的逻辑主义相对立,波捷布尼亚语法学说的基础是心理主义,即从心理的角度来解释语言现象的本质。在他看来,语言是每个个体心理过程的表现,句子则是"借助于词形式的心理判断(而不是逻辑判断)"。③他认为句子是语言的语法和意义结构的基本单位,而动词性(动词的最初形式为动词不定式,而后才让位于变位形式)是句子的基本特征。他讲道:"句子(除了动词省略的情况外)不可能没有 verbum finitum(指狭义的动词,不包括形动词形式);verbum finitum 本身就构成句子。"④这样,波捷布尼亚就将谓语和动词相等同,将句子成分和词类相等同。他将动词性的发展与原始人们世界观的改变直接联系起来,认为在周围世界中人们注意的不再是实体性(субстанциональность),而是过程性(процессуальность)。⑤波捷布尼亚的这些观点深深地影响了以后的句法著作,尤其是解决动词句与无动词句的问题。正如黄树南教授所讲:"在波捷

---

① 普遍语法(всеобщая грамматика)又称普遍唯理语法、逻辑语法或哲学语法。详见郅友昌主编:《俄罗斯语言学通史》,上海外语教育出版社,2009年,第40—43页。
② Греч Н.И. Начальные правила русской грамматики, Спб.,1833, стр. 112.
③ Потебня А.А. Из записок по русской грамматике, т.1-2, М., 1958, стр. 81.
④ Там же, стр. 83-84. 汉语译文见黄树南:"俄语句法学说简史",《俄语教学与研究论丛》2,黑龙江大学俄语系学术委员会,1984年,第21页。
⑤ 参见Березин Ф.М. История русского языкознания, М., 1979, стр. 146-147.

布尼亚眼里,动词就是句子。……对于不包含动词的句子,他同样用所谓的省略来解释。"①波捷布尼亚还提出述谓性(предикативность)的概念,认为它是组织句子时谓语与主语相结合的能力。谓语是述谓性的主要承担者,而动词又是谓语最主要的表达手段。波捷布尼亚的观点在奥夫夏尼科—库利科夫斯基(Д.Н. Овсянико-Куликовский)的著作中也可以找到。奥夫夏尼科—库利科夫斯基认为,"句子是伴随有一种叫做'述语化'(谓语性)的特殊思想运动的词或词的有条理的组合。"②他也特别强调动词的地位和作用,"没有动词,至少没有动词性的句子是不可能成立的。"③对于这些语法学家来说,动词是句子的灵魂,是其最小单位,没有动词,句子则是不可想象的。

  19世纪80—90年代的将句子等同于判断的理论逐渐让位于形式学派。以福尔图纳托夫(Ф.Ф. Фортунатов)为代表的形式学派的语言学家把语言看成是词和词组的总和,认为句子是词按照从属关系组织起来的,是完整的词组。福尔图纳托夫把词组和句子相等同,他认为在语言学中完整的词组和句子是全义同义词,由词组向句子的过渡是用词汇手段构成的心理判断的过程。在福尔图纳托夫的句法学说中,词组占有最主要的位置,他的句子学说分散在词组学说中,在他看来句子只是完整的、扩展了的词组。他认为,言语中的句子是完整思想在一个或若干词中的表现,这种完整思想由两个部分(思想对象)构成,两个部分之间存在着某种关系。这种思想,通常叫做心理判断,福尔图纳托夫又称之为"思想中的句子"。简言之,言语中的句子是思想中的句子,即心理判断的表现。这与心理学派对句子的理解并无不同。他还对完全句和不完全句进行了区

---

① 黄树南:"俄语句法学说简史";《俄语教学与研究论丛》2,黑龙江大学俄语系学术委员会,1984年,第21页。
② 同上书,第25页。
③ Овсянико-Куликовский Д.Н. Из синтаксических наблюдений, Спб, 1901, стр. 52.

分,区分标准是根据心理判断的两个部分是否都用词来表达。不完全句是指这样的心理判断,其中一部分获得了词汇表达手段,另一部分则由对思维对象(或其部分)的直接印象构成,而完全句是指心理判断的两部分均通过词汇手段来表达。①

第二节 彼什科夫斯基和沙赫马托夫的句法观点

词组构成句子中心的观点在福尔图纳托夫的学生彼什科夫斯基的论著《论俄语句法的科学阐述》中也得到体现。彼什科夫斯基②将"其组成中包含有谓语或其形式组成表明谓语省略或仅由一个谓语构成的词组"称为句子。这样,他把谓语性(сказуемость)作为句子的基本特征。所谓谓语性,是指"词中表明词不只相当于概念,而是相当于整个思想的那种色彩。谓语性是语法范畴,而且是最重要的一种范畴,因为在谓语性里体现了言语与思想的紧密结合。"③彼什科夫斯基区分出五种谓语性类型。谓语性最自然的拥有者是动词,"动词性是谓语性的基础。"④这样,谓语性的范畴首先是由动词形式和与这些形式联系在一起的词来表达的。彼什科夫斯基把系词也看作动词,认为"动词类系词也是动词,只是没有其物质意义,只相当于动词谓语的形式层面。"⑤他尽管把带有合成谓语的动词人称非扩展句,如:Наташа была в восторге和带有述体成分和零位系词的人称非扩展句,如:Он в ударе (в духе, из немцев, без пиджака)作为一种特殊类型,但仍把它们作为动词句来看,尽管彼什科夫斯基自己也承认"在这些句子中,在现在时形式时

---

① 参见Фортунатов Ф.Ф. О преподавании русского языка в средней школе//Избранные труды, т.2, Учпедгиз, 1957, стр. 450—452.
② Пешковский А.М. Русский синтаксис в научном освещении, изд.7, М., 1956, стр. 180.
③ Там же, стр. 165. 汉语译文见黄树南:"俄语句法学说简史",《俄语教学与研究论丛》2,黑龙江大学俄语系学术委员会,1984年,第44页。
④ Там же, стр. 167.
⑤ Там же, стр. 220.

不可能谈到省略和暗含"。①他认为,这些句子作为词组来讲是无动词的,但作为句子是动词句。

在《论俄语句法的科学阐述》一书中彼什科夫斯基②引入了"零位形式"(нуль)的概念,在诸如Он командир句子中他认为存在"一个空位,动词的这种缺少在语言中意味着动词陈述式现在时形式"。"在这种系统中无动词组合必然应该被看作是动词句的特殊变体,而无动词句本身是带有动词意义的零位标志。"这样,在Он в ударе这类句子中,他认为存在零位系词,而在Отец в городе这类句子中存在零位谓语,缺少实义动词"быть","находиться"。

彼什科夫斯基还在这本书中相当详细地阐述了不完全句学说③。他以同完全句相对比所确定缺少的成分来作为划分不完全句的基础。彼什科夫斯基认为占主要地位的是句子的形式组织,也就是遵守句法联系不中断原则,所有必需位置都必须填满。如果句子的结构被破坏(即句法联系被破坏),则视为不符合语法规范和结构上不完整。"不完全句,这样,不仅包括缺少主要成分(主语或谓语或二者皆少)的句子,也包括缺少次要成分的句子,因为这种缺少是由句子的形式成分决定的。"④不完全句在彼什科夫斯基看来有两大特点:一方面是句子中现有成分的形式已指明这种"缺少",另一方面则是省略词本身占有"句法位置"。他将不完全句划分为六种类型,这中间包括缺失主语的,如:Вот в такие-то минуты Пока и остался один. **Был такой тихий и послушный**, что совсем не опасались оставлять его одного...和缺失谓语的,如:Закурив трубки, мы уселись — **я у окна, он у затопленной печи**...按照彼什科夫斯

---

① Пешковский А.М. Русский синтаксис в научном освещении, изд.7, М., 1956, стр. 257.
② Там же, стр. 258–259.
③ Там же, стр. 396–403.
④ Там же, стр. 396.

基的观点,本书所研究的无动词句,如:Татьяна в лес, медведь за нею属于缺失谓语的不完全句。这样,从主旨上讲,彼什科夫斯基只承认一种类型的句子,即动词句。"这种句子不仅成为俄语句法的整个中心,也'压迫'了其他类型的句子。"①

如果说,彼什科夫斯基在句法学理论中引进了"零位"概念,注重的是句子成分的聚合关系的话,对沙赫马托夫来讲,在分析句子成分时重要的是其组合关系。"他第一次收集了大量的语言材料,他第一个试图使现代俄语中极其丰富的句法结构系统化,从而更好地描写这些句子。"②沙赫马托夫的语法学说,尤其是其句法学说深受心理学派的影响。在他看来,句子是心理—思维活动的单位,是通过语言手段来实现交际,也就是说,句子是在交际时产生的,用以表达心理表念(психалогическая коммуникация),并且"构成句子的词和词语由于它们相互间的一致或具有相对应的语调而融合为一个语法整体"。③在沙赫马托夫的句子学说④中,最基本的概念是表念,它表达一种特殊的思维活动。每一个心理表念由两个表象组成,一个处于主导地位,称为心理主体(психологический субъект),另一个与心理主体相结合,称为心理述体(психологический предикат)。

沙赫马托夫根据对句子和表念关系的理解,建立了句子分为单部句(односоставное предложение)和双部句(двусоставное предложение)两类的学说。⑤如上文所述,表念具有双成分——主体和述体,如果主体和述体的结合只同句子的一个成分相对应,那么这个句子便是单部句;如果主体和述

---

① Виноградов В.В. Идеалистические основы синтаксической системы проф. Пешковского, ее эклектизм и внутренние противоречия//Вопросы синтаксиса современного русского языка, М., 1950, стр. 44.
② Виноградов В.В. Синтаксис русского языка академика А.А. Шахматова//Вопросы синтаксиса современного русского языка, М., 1950, стр. 125.
③ Шахматов А.А. Синтаксис русского языка, М.,1941, стр. 29.
④ Там же, стр. 19-22.
⑤ Там же, стр. 29-31.

体分别在句子的不同成分中得到体现,那么这个句子便是双部句。把单部句作为一种独立的句子类型从简单句体系中划分出来,是沙赫马托夫的一大功绩。这样,他认为 Он высокого роста, Он молодец, Он счастлив 这类句子是完整的双部句,系词在现在时情况下不用已经构成语言规范。沙赫马托夫认为:"确定谓语的唯一和自然的表达手段是动词的理论就其本质来讲是错误的,也是与语言的历史资料相矛盾的。"①在沙赫马托夫看来,任何限定关系(атрибутивные отношения)都可以转化为述谓关系(предикативные отношения)。这种有关谓语表达手段的新学说为无动词句的研究打下了理论基础。沙赫马托夫在单部句和双部句中都区别出不完全句,在双部句中,他又分出缺少型(недостаточные——主语省略)和被破坏型(нарушенные——谓语省略)两类句子。他认为主要成分的省略(其中之一或其部分)是不完全句的主要特征。本书所研究的两大类无动词句均属于被破坏型的双部句。沙赫马托夫对句子完整性的理解主要是依靠对句中动词必需性的认同,尽管他本人并未说出此理论。维诺格拉多夫②指出,沙赫马托夫的理论实际上与传统观点是相吻合的。虽然沙赫马托夫证明,俄语中的无动词句以及无系词句历来就同动词句一样在俄语中存在,但在他自己的双部不完全句理论中却远离了这一原则。在沙赫马托夫看来,不完全句的主要标志为缺少一个主要成分或其部分,但他在确定不完全句范围时却并没有指明标准,没有明确如何判定缺少主要成分或其部分。"暗含"性原则可以自由地解释许多口语中的句型。③

---

① Шахматов А.А. Синтаксис русского языка, М.,1941, стр. 179.
② Виноградов В.В. Синтаксис русского языка академика А.А. Шахматова//Вопросы синтаксиса современного русского языка, М., 1950, стр. 102-104.
③ 参见 Лекант П.А. Синтаксис простого предложения в современном русском языке, М., 1986, стр. 143-144.

第三节 科学院三部语法的句法理论

在20世纪40—50年代,语言学家重新对句法问题产生兴趣,简单句的传统学说,尤其是不完全句理论也再度受到审视。波波娃在1953年发表的"现代俄语中的不完全句"一文中呼吁应该从形式和内容相统一的角度来研究句子。"句子作为语言,同时也是思维的现实,是形式和内容的统一并且应该同时从这两个角度来考虑。"①她认为只有"意义的不完整在其形式—语法组成上得到体现"的句子可以称为不完全句。依照她的观点,句子成分的不完整直接由上下文和言语情景这两个因素决定。她将缺少存在动词的Отец на работе类和Отец в город类省略句作为单独的一章列出。省略句是广泛应用和形式各异的一类句子,它的特点是形式—语法构成上的相对不完整。"这类句子缺少谓语的动词部分,但这部分的缺少并不影响对话语的理解,因为缺少的内容很容易从句子的上下文得到恢复。"②按照波波娃的理解,谓语动词部分的省略不是由上下文的作用引起和决定的,而是受表述任务的制约,受其功能主旨的制约,这是特殊类型表述的典型特点。她指出,在Татьяна в лес, медведь за нею这类句子中,"我们只是相对地谈及谓语动词部分的缺少及省略,这部分即使存在,也主要是起半辅助的作用,只是作为式、态、时间及人称的语法标识,当然,与此同时也对该行为进一步确认。"③从这段话中我们可以看出,作者已经认为в лес在Татьяна в лес, медведь за нею句中是静词性谓语的组成部分。

1954年出版的苏联科学院《俄语语法》(以下简称《54年语

---

① Попова И.А. Неполные предложения в современном русском языке//Труды института языкознания, т.2, М., 1953, стр. 18.
② Там же, стр. 55.
③ Там же, стр. 55.

法》)对无动词句的传统学说提出了批评。在该语法著作中,谓语不仅可以用动词,也可以用其他词类来表示。"动词人称形式是双部句谓语的最典型表达方式,但同时谓语也可以由动词不定式、名词、形容词、数词、代词、形动词等来表示……"①

《54年语法》专辟一章论述不完全句,在该书前言中就强调:"这些用'不完全句'术语联合起来的句子是生动的口语中一种特殊的典型化的句子形式,是句子的特殊结构类型,它们根本没有破坏完全句的规范。相反,要不破坏现代俄语的句法规范而在语法上补足其省略的成分,倒往往是不可能的。应该从这些句子本身所特有的结构特征和功能的角度去研究它们。"②正是在这种主旨下,《54年语法》提出研究不完全句不是从假设形式上不完整的角度,而是应从它们特有的、典型的结构特征和功能角度出发。在《54年语法》中不完全句被划分为四类。本书所研究的无动词句属于第二类,称为"独立应用的不完全句,其结构特点是缺少谓语。"③在这部语法中还指明了容易省略的词汇—语义动词组,如运动动词、言语动词、有力行为动词以及表示存在、拥有、发现等意义的动词。没有动词的句子与表示相同意义的完全句相对应。

在这里"不完全句"的概念和分类有矛盾之处,一方面,著者们指出,在这些句子中"恢复"动词—谓语会引起句子结构和修辞色彩的改变,因为句中形式—语法组成的必需成素为带有客体或状语意义的前置词+名词间接格形式组合或副词;另一方面,著者们又将其视为不完全句,并指出不完全句的时间是由全文的叙述时间来决定的。④那么,既然这些句子具有述谓性和叙述的语调,可以讲它们是独立的句法单位,但《54年语法》

---

① Грамматика русского языка, т.2, ч. 1, М., 1954, стр. 386–387.
② Там же, стр. 97. 汉语译文见黄树南:"俄语句法学说简史",《俄语教学与研究论丛》2,黑龙江大学俄语系学术委员会,1984年,第66页。
③ Грамматика русского языка, т.2, ч. 2, М., 1954, стр. 96–109.
④ Там же, стр. 89, 97.

依旧将其划为"不完全句"。由此可见,《54年语法》对"不完全句"的阐释仍然采取的是传统观点。

对句法单位的进一步研究是从无数个具体句子中寻找抽象出来的句子模式。这一趋势在1970年出版的苏联科学院《现代俄语语法》(以下简称《70年语法》)中得到了很好的体现。句子模式是指这样的语法示例,它有自己的形式组织和语言意义,按照模式可以组织单独的最基本的句子。在《70年语法》中无动词句获得了与动词句一样的"身份"。这部语法强调,述谓性(句法时间、句法式和客观情态性)作为简单句的最重要特征可以通过结构模式本身来表达。这样,在双部句中,本书所研究的无动词静态句属于N1- N2(Adv…)这一结构模式。与把这些句子看成"独立使用的不完全句"的《54年语法》相比,《70年语法》已将无动词静态句作为独立的结构模式。《70年语法》没有对不完全句进行专门描写,只描写结构模式的正规体现,即正规体现可以取决于上下文,如:— Ты эту книгу читал? — Читал 和不取决于上下文。本书所研究的无动词动态句 Татьяна в лес, медведь за нею 被称为"对双部句模式的不依靠上下文的缺少谓语的体现"。[1]

虽然《70年语法》的著者们不认为无动词动态句具有独立的结构模式,但值得一提的是,他们已经指出上述句子的特色,指出这类句子具有自己的聚合体特征[2],这也为进一步发展无动词句的结构模式提供了理论支撑。

与《70年语法》相比,1980年出版的科学院《俄语语法》(以下简称《80年语法》)中有关无动词句的论述并没有太多的新内容。无动词静态句(如:Отец дома)被看为双部完全句,而无动词动态句(Я о деле; Он к тебе)为"不取决于上下文的正规体

---

[1] Грамматика современного русского литературного языка, М., 1970, стр. 559.
[2] Там же, стр. 589.

现"①。在《80年语法》中也强调,"俄语中存在大量的无动词句,传统上一直将其视为省略动词的不完全句。但是这些无动词句有自己独特的范例,自己的聚合体形式,自己的扩展和与其他句式的组配规则。它们已构成独立的句法结构。"②

这样,可以讲,在俄语句法学研究中句子构成的"动词中心论"观点和对动词为谓语的唯一表达方式的认同逐渐地让位于对现实句法现象的描写,让位于认为句法单位是形式、意义及功能的统一体的观点。这一趋势在三部科学院语法中得到了很好的体现。正如佐洛托娃非常公正地指出:"从《54年语法》开始的三部科学院语法不可抹灭的功绩是承认了无动词句的合法权利,尤其是用间接格形式作述体的句子……"③

回顾无动词句的研究历史,可以发现,无动词句的问题实际上是与如何区分语言和言语现象、如何描写句子作为句法基本单位的基本特征(述谓性)、如何划分完全句—不完全句密不可分的,是与如何理解句子的结构模式、聚合体及配价理论等一系列问题密切相连的。因此,有必要重新审视上述问题,提出无动词句的理论基础。

---

① Русская грамматика, т.2, М.,1980, стр. 88, 119, 120.
② Там же, стр. 9.
③ Золотова Г.А. О связанных моделях русского предложения//Облик слова, Сборник статей памяти Дмитрия Николаевича Шмелева, М., 1997, стр. 152.

第二章
无动词句的理论基础

第一节 语言和言语

一、语言和言语问题概述

语言和言语的关系问题是现代语言学最基本的问题。语言(язык)和言语(речь)这两个概念还在18世纪末19世纪初就被德国语言学家洪堡特(Гумбольдт)提出并做了辩证的阐述。他认为:语言作为其产物的总和,是和言语活动的个别片段有区别的。语言是一定事实的总和,又是言语借以发展的表达方式的总汇。语言是一定的体系,同时又是言语活动个别行为的体现。[1]在洪堡特之后,语言和言语的概念在施坦塔尔(Штанталь)、波捷布尼亚和博杜恩·德·库尔德内(Бодуэн де Куртенэ)的著作中也有所论述。[2]尤其值得一提的是,瑞士语言学家索绪尔对以往有关语言和言语的观点做了关键性的总结,语言和言语理论也成为他的语言学说的重要一部分。索绪尔主张的基本原理如下:他区分了"语言""言语"和"言语活动"。言语活动即某个民族表达能力的系统,是十分纷繁的,它与许多领域——物理学、生理学、心理学发生关系。在所有的言语过程

---

[1] 参见康德拉绍夫:《语言学说史》,武汉大学出版社,1985年,第58页。
[2] История лингвистических учений, М.,1999, стр. 71; Кацнельсон С.Д. Типология языка и речевое мышление, Л., 1972, стр. 95.

中,索绪尔区分出两个对立的方面:语言和言语。语言是语法系统和词汇,也就是语言工具的全部财产,它潜在地存在于属于这个语言共同体的个人的意识之中,它不属于说这种语言的个人;而言语意味着活动,个人通过活动使用语言来表达自己的思想,这就是为了交际而使用语言工具。①的确,语言和言语在很多方面是对立的,但索绪尔同时也指出:"语言和言语这两个对象是紧密相连而且又互为前提。要言语为人所理解,并产生它的一切效果,必须有语言;但是,从另一方面讲,要使语言能够建立起来,也必须有言语。从历史上看,言语事实总是先于语言的。"②

语言和言语这两个概念并不是索绪尔独创,但正是他使之成熟。现代语言学中的许多科研成果可以说是对这些概念的本质和意义进行的探讨。关于这两个概念,1937年英国语言学家阿兰·加德钠爵士写到:"注意区分'言语'和'语言'是费迪南·德·索绪尔的功绩。这一区分具有深远的影响。依我之见,它迟早会成为所有科学的语法研究必不可少的基础。"③

在索绪尔之后,语言和言语这两个概念又被各国许多语言学家讨论和研究。我们在这里做一大致归纳。首先,语言和言语是有区别的,但语言学家使用的区分标准却各不相同。因此,可以说,语言和言语的区分具有开放性,需要根据许多参数来列举它们的不同。比如:语言是社会现象,它是社会强加给全体成员的一种特殊规约,作为必须遵守的规范,而言语是有个性的,言语的每个行为都有其创造者——按自己意图即兴发言的说话人;语言是交际的工具,言语则是用于交际目的对这些工具的使用;语言是系统,言语则是它的表现形式,是其具体体现;语言是相对稳定的,长期的,消极的,而言语则是积极的,不稳定的,一

---

① 参见 J.卡勒:《索绪尔》,中国社会科学出版社,1989年;康德拉绍夫:《语言学说史》,武汉大学出版社,1985年;Соссюр Ф.Д. Заметки по общей лингвистике, М., 2000.
② 转引自:康德拉绍夫:《语言学说史》,武汉大学出版社,1985年,第138页。
③ 转引自:J.卡勒:《索绪尔》,中国社会科学出版社,1989年,第110页。

次性的；作为事件和行为，言语是动态的，可以在时间和空间层面上展开，而语言则是静态的，经过抽象以后不再具备时间和空间等方面的参数性质。①这样的区分可以继续列举，但是没有理由将它们绝对化，因为言语活动这两个方面，在所有单个的场合下都是不可分割的辩证统一，是同一个现象的两个方面，并且这两个方面互为条件。谢杰利尼科夫②（Е.А. Седельников）曾指出：不能孤立地认为一些语言现象只属于语言单位，而另一些属于言语单位。任何一个语言学单位可以既是言语单位，又是语言单位。

首先，语言来自言语，语言的语音、语义、语法、词汇都是从具体的千差万别的言语中抽象和概括出来的。语言是由言语抽象、概括而成。在抽象、概括的过程中，不可避免地要舍去一些具体的个性。因此，从内涵方面看，言语要比语言丰富；其次，语言存在于言语之中，在言语中发挥其交际功能。脱离开言语，脱离开言语行为，任何一门语言只是一个抽象实质。"语言既是言语的工具，又是言语的产物。"③；第三，语言的发展离不开言语，也就是言语推动着语言的发展。总言之，"言语和语言（体系）的总和构成了人类语言的整体，是人类语言这一辩证统一体的两个不同的方面。言语是语言（体系）的实现，语言只有通过言语并在言语里才能起到交际功能。"④实际上，人们说话的过程，不

---

① 参见康德拉绍夫：《语言学说史》，武汉大学出版社，1985年，第138页；Харченко Н.П. Существует ли единица более высокого уровня, чем предложение?//Спорные вопросы синтаксиса, МГУ., 1974, стр. 217; Кацнельсон С.Д. Типология языка и речевое мышление, Л., 1972, стр. 95; Большой энциклопедический словарь. Языкознание, М., 1998, стр. 414-415；李勤、孟庆和：《俄语语法学》，上海外语教育出版社，2006年，第5页；俄罗斯学者对于语言和言语现象的研究，请参见 Л.К. Жаналина, Язык и речь: оппозиции, «Филологические науки», 1996, №5.

② 参见 Седельников Е.А. Структура простого предложения с точки зрения синтагматических и парадигматических отношений//ФН., 1961, №3. стр. 69.

③ Большой энциклопедический словарь. Языкознание, М., 1998, стр. 414；索绪尔：《普通语言学教程》，商务印书馆，1999年，第41页。

④ 李勤、孟庆和：《俄语语法学》，上海外语教育出版社，2006年，第4页。

仅是根据语言规则选择和组织语言材料、运用语言的过程,同时也是创造的过程。每个人的言语都可能偏离标准,偏离语言规范。对语言规范的突破很多时候可以达到很好的修辞效果,成为使语言更加形象生动、富有表现力的有效手段;同时,这也是推动语言发展的重要因素,随着时间流逝和历史的发展,言语的变化也可能被越来越多的语言使用者接受,个别的言语现象发生历时的转变最终演变为语言系统的事实。

二、句法层面语言和言语的关系以及无动词句的归属

那么,在句法方面,语言和言语的关系又是怎样的呢?解决这一问题直接关系到本书所要研究的无动词句的"地位"和"身份"问题。索绪尔对此问题的看法比较模糊不定,他认为句子是个人选择的产物,因此属于言语而不是语言系统。认为句子是言语现象的观点在当今语言学界有一定的影响。另外,语言学家在句法层面也试图区分"句子(предложение)"和"表述(высказывание)"、"句子"(предложение)与"句"(фраза)、"句子模式与具体的句子"这些概念。索绪尔在区分语言与言语时就提出,语言和言语并不是完全不同,而是互为前提、彼此密切相连。正是基于这种理解,我们同意博若克、列卡恩特等学者的观点,认为"句子是语言和言语的多层面的统一单位"的观点比较合理。这样,"句子既是语言单位,又是言语单位。句子在语言层次上是抽象的模式,而在言语层次上是具体的'言语现象',即表述(высказывание)。它们二者既有区别,又有联系。它们互相依存,共为一体。"①正如捷克布拉格79年语法(以下简称捷克《79年语法》)中谈及句子与表述所指出的:"句子作为语言系

---

① 参见 Божок И.А. Эллиптические предложения в современном русском языке, М., 1989, стр. 140; Лекант П.А. Предложение и высказывание //Строение предложения и содержание высказывания, М., 1986, стр. 4; 吴贻翼:"试谈俄语句子/表述的述谓性",《中国俄语教学》,1997年第1期,第28页。

统的单位,而表述作为言语单位,它们不是传统意义上的抽象与具体的对立,而是实质与现象作为互相密不可分的两个方面的对立,也就是实质作为内层,不能不通过其表层来表现。这样,实质就通过无数的现象来表达。"①

在这种前提下,可以重新审视不完全句的划分和无动词句的定位。传统语法一直认为无动词句是不完全句的一种特殊类型,而不完全句的划分至今也没有一个被学者共同接受的标准。奇尔金娜②(И.П. Чиркина)提出讨论不完全句问题时首先要区分清楚是在哪个层面,是在语言层面还是言语层面,并认为把不完全句的问题与言语层面相结合具有十足的合理性。不完全句作为语言模式的言语体现没有自己的典型意义,它主要靠言语情景和上下文来获得语义完整,因为"言语受语境制约,而语言则不受其制约。"③但本书所研究的无动词句(Отец в город和 Отец в городе)与上下文及情景不完全句不同,它们有自己的典型意义,在使用上已符合语言规范,并且不需要语境的支持就可获得完整的语义。从这个意义上讲,无动词句已经具备了作为语言事实的基础。换言之,在上下文及情景不完全句中观察到的是言语中成素的省略,而在无动词句中观察到的是语言中成素的弱化、消失。前者是一次性行为,它为说话者的意图所制约,从而在结构中省略某些实义化的成素,而后者(语言中成素的弱化和消失)是一个在语法层次上进行的客观过程,它是逐渐进行的,是在大量言语材料的基础上实现的。也由此可见,语言中的变化总是先从言语的变化开始。④也有学者,如斯科沃罗德尼科夫指出无动词句具有双重性(混合性),即无动词句从词汇意义的角度来看是语言事实(由句子模型及它的相似聚合体

---

① Русская грамматика, т.2, Academia Praha, 1979, стр. 668.
② Чиркина И.П. Проблема неполноты предложения и изучение в вузе //Вопросы синтаксиса русского языка, Калуга, 1969, стр. 17.
③ Большой энциклопедический словарь. Языкознание, М., 1998, стр. 414.
④ 参见吴贻翼:"试谈现代俄语中的无动词句",载《中国俄语教学》,2000年第1期,第2页。

决定),可以通过零位实义动词来解释。从语法意义角度(述谓性)看,无动词句则主要是言语事实(靠上下文和情景)。正是基于这种理解,他认为无动词句存在句法上的不完整性(即省略性)。①

尤尔琴科(В.С. Юрченко)②就言语中成分的省略和语言中成分的弱化提到:一方面,这两个过程具有本质区别,言语中成分的省略是单次行为,而语言中成分的弱化是客观过程。另一方面,这两个过程内部又密切相连,它们之间并没有明确的界限。正因此,语言中的变化总是从言语中的变化开始,可以讲,言语中主语和动词谓语的省略(以大量的具体句子为基础)逐渐过渡为语言中的弱化。这样,无动词句已实现了从言语省略到语言弱化、消失的转变。"无动词句的语法和语义特点是由语言系统决定的……它不需要上下文及语境的支持这一点足以证明其属于语言系统的属性。"③佐洛托娃也指出:"这类句子与省略句不同,它们不依靠上下文或交际语境,也不需要从周围篇章中补充或恢复其'不足',它们自身已经构成独立的篇章。它们的应用受到篇章类型的限制,但不受与篇章的词汇联系的制约,因此这不是言语模式,而是语言模式。"④

这样,无动词句已成为语言中的一种结构—语义模型,是结构—语义完整的完全句。

第二节 述谓性

述谓性(предикативность)的概念在俄语语言学界暂时还

---

① 参见 Сковородников А.П. О неполноте эллиптических предложений (в аспекте синтагматики и парадигматики)/синтаксические структуры. Межвузовский сборник, Красноярск, 1984, стр. 25–26.

② Юрченко В.С. Основной тип предложения. Принцип синтаксической деривации//Очерк по философии грамматики, Саратов, 1995, стр. 8–9.

③ Русская разговорная речь, М., 1973, стр. 290–291.

④ Золотова Г.А. и др. Коммуникативная грамматика русского языка, М., 1998, стр. 181.

没有一个被所有语言学家都接受的定义。述谓性与句子(或表述)的关系曾引起几乎所有学者的研究兴趣。认为述谓性是区分句子与其他语言单位的重要特征是大多数语言学家的共识,正如维诺格拉多夫在《54年语法》中所指出的:"述谓性与表述语调是句子的主要语法特征。"[1]

那么,什么是述谓性?"述谓性是表达句子(表述)同现实的关系。"[2]"述谓性是确定句法的主要单位——句子的功能特征的句法范畴,是句子的关键结构特征,表达信息同现实性的关系同时构成此单位……"[3]"述谓性是任何表述的共同的逻辑属性。述谓性不是语法事实,它由整个句子,而不是词的形式来表达。"[4]"语法意义下的述谓性可以认为是两个成素的相互关系,用第二个成素来确定第一个。"[5]如此多的对述谓性的理解原则上可以归为两大类:第一类认为述谓性是句子的内容同现实性的关系;第二类认为述谓性是句子成素之间的特殊关系。

一、对述谓性的两种理解

对述谓性的第一种理解在维诺格拉多夫的著作中得到了很好的阐述。"形成句子的述谓性范畴的意义和作用在于句子内容与现实的关系。"[6]维诺格拉多夫认为,在任何一个句子中述谓性都会获得全部或部分表现,述谓性和语调成为句子的主要语法特征。

佐洛托娃、什维多娃等学者继承和发展了维诺格拉多夫关于述谓性的观点。"述谓性,也就是同现实的关系是属于每一个

---

[1] Грамматика русского языка, т.2, ч.1, М., 1954, стр.76.
[2] Краткий справочник по современному русскому языку, М., 1995, стр. 282.
[3] Большой энциклопедический словарь. Языкознание, М., 1998, стр. 392.
[4] Ломтев Т.П. Предложение и его грамматические категории, М., 1972, стр. 27–30.
[5] Адмони В.Г. Двучленные фразы в трактовке Л.В. Щербы и проблемы предикативности// ФН., 1960, №1, стр. 37.
[6] Грамматика русского языка, т.2, ч.1, М., 1954, стр. 80, 81.

句子的(不取决于它的成分和结构)。"①他们认为述谓性的共同意义通过情态性、时间和人称这三个句法范畴来表达。与此同时,许多学者也注意到了维诺格拉多夫有关述谓性的理论有不明确之处,某些论述相互矛盾。首先,维诺格拉多夫的所谓"与现实的关系"这一概念是含糊的。正如吴贻翼教授所指出的,除了句子以外,词、词的组合都可以与现实发生关系,都可以反映客观现实中的事物。这样,表示说话内容与现实关系的"述谓性"并不能完全把句子与其他语言单位区别开来,因此,吴贻翼教授提出述谓性是指说话内容与现实中的情景发生的关系②;其次,维诺格拉多夫把述谓性既定义为叙述内容同现实的关系,又称其为说话人对现实的态度。"在具体的句子中,人称、时间、情态的意义是从说话者的看法确立的。""句子中所包含的叙述内容同现实的关系首先是情态关系。"③这就使述谓性具有包含客观内容和主观内容的双重性,因而也可见其矛盾性。伊利延科(С.Г. Ильенко)曾试图解决这一矛盾,她认为述谓性是个综合概念,这是时间、情态及人称范畴的复杂统一体。但在述谓性形成过程中说话人的位置起着重要作用。伊利延科区分出两个层次的述谓性:一是同现实的关系;二是句中说话人位置的表达。④

　　什维多娃也指出维诺格拉多夫对述谓性和情态性原则上的不区分,在她的论述中已不再把述谓性等同于同现实的关系。在《70年语法》中履行交际功能,传达有关现实片段信息的单位是表述,而只有以最低限度结构模式为基础的表述为句子。什

---

① Золотова Г.А. К понятию предикативности//Теоретические проблемы синтаксиса современных индоевропейских языков, Л.1975, стр. 148.
② 参见吴贻翼:"试谈俄语句子/表述的述谓性",《中国俄语教学》,1997年第1期,第28—29页。
③ Виноградов В.В. О категории модальности и модальных словах в русском языке//Исследования по русской грамматике, М., 1975, стр. 268.
④ Ильенко С.Г. Персонализация как важнейшая сторона категории предикативности//Теоретические проблемы синтаксиса современных индоевропейских языков, Л., 1975, стр. 155–156.

维多娃在这部语法中提出聚合体理论,句子可以有客观情态意义,这是表达说话内容同现实的关系,同时句子也可以有主观情态意义,表达说话人对所叙述内容的态度。① 瑞士语言学家巴利指出,必须"确切区分感觉、记忆或思想所感受的表象和思想主体对该表象所产生的心理活动"。因此,句子是由两部分内容组成的:一部分是与构成表象的过程相适应的,称之为"客观陈述(диктум)";另一部分是"对客观陈述的补充",是"表达由思想主体产生相应活动的情态",称之为"主观陈述(модус)"。② 科洛索娃(Т.А. Колосова)③在自己的论著中也研究了"情态性"的概念,在任何一个句子中不仅包含着有关事实的信息(диктум),也表达着说话人对叙述的态度(модус),两者互为补充。这就是说,任何句子除其客观内容外,还包括思想主体参与的客观内容,它们两者互相融合在一起。正如吴贻翼教授所言:"句中表达的思想是反映人所认识的客观现实中的情景。因此,句子不仅反映现实中的情景,而且也表达说话者对反映的现实中情景所持的态度。由此可见,在语言层次上的句子(即结构模式)中述谓性是指说话内容与客观现实中情景的关系;而在言语层面上的句子(即表述)中述谓性不仅指说话内容与现实中情景的关系,而且还指说话者对说话内容与现实中情景的关系所持的态度,两者有机地结合在一起。"④

现在我们来看一看有关述谓性的第二种观点。持这种观点的学者认为述谓性是句子两成素间的一种特殊关系,学者们又从不同的角度来阐述这种关系,比如,拉斯波波夫(И.П. Распопов)、克雷洛娃(О.А. Крылова)等主要从逻辑角度出发,

---

① Грамматика современного русского литературного языка, М., 1970, стр.577-582.
② 转引自吴贻翼:"试谈俄语句子/表述的述谓性",《中国俄语教学》,1997年第1期,第29—30页.
③ 参见 Колосова Т.А. Русские сложные предложения асимметричной структуры, Воронеж, 1980, стр. 50-53.
④ 吴贻翼:"试谈俄语句子/表述的述谓性",《中国俄语教学》,1997年第1期,第30页.

认为述谓性是判断成素间逻辑主体和述体、主题和叙题、已知和未知的一种联系;而斯米尔尼斯基(А.И. Смирницкий)、阿德莫尼(В.Г. Адмони)则从语法角度出发,认为述谓性是主语和谓语间的联系。① 尽管这些学者都从自己的角度出发来阐述述谓性,但有一点是共通的,即从句子的语义组织着眼,可以分为限定的和被限定的成分,分为事物及其情态—时间特征,并由此得出述谓关系是言语对象作为被限定者与情态—时间特征作为限定者的关系。

但是这种观点也不尽完美。首先,述谓性和述谓关系(предикативная связь или предикативные отношения)是两个概念。述谓性是高度抽象的句子的特征,而述谓关系则是具体的,"表示主语和谓语,以及逻辑主体和逻辑述体的关系"②;其次,按照这种观点,只有双部句具有述谓性,大量的单部句以及不可切分句则因其成分中缺少确定述谓关系的两个主要成分而不具有述谓性,而这显然是不对的。

综上所述,上述有关述谓性的两种观点并不互相排斥,而是互相补充。第一种观点涉及的是述谓性的内容,而第二种观点涉及的是其形式。这样,我们认为述谓性是句子所固有的特征,它是指说话内容与现实中的情景发生的关系,它使句子有别于词、词的组合等其他语言单位。至于句子的形式,我们认为述谓性属于整个句子,与其结构组成关系不大。值得一提的是,在确定述谓性概念时,必须将动词与谓语的概念区别开来。首先,不仅仅是动词,其他词类同样可以充当述体谓语。当然,并不否认"动词是一种特殊词类,它与关系概念密切相关,并且包含同现

---

① 参见 Адмони В.Г. Введение в синтаксис современного немецкого языка, Л., 1955, стр. 39-40, 57-64; Адмони В.Г. Двучленные фразы в трактовке Л.В. Щербы и проблемы предикативности//ФН., 1960, №1, стр. 37-38; Смирницкий А.И. Синтаксис английского языка, М., 1957, стр. 102-119.

② Большой энциклопедический словарь. Языкознание, М., 1998, стр. 393.

实的相互关系是这一类词的典型特征。"①但这并不意味着句中不能没有动词以及其他词类不可能履行述谓中心的功能。另外,述谓性属于每个句子,因为"时间及情态范畴,以及在句法广义理解下的人称范畴,也就是'述谓性'是属于整个句子的,不管其成分中是否有动词。"②

正是基于上面的理解,我们认为无动词句同样具有述谓性,有自己独特的表达手段。当然,毫无争议的是,具体准确地确定无动词句述谓性的语法范畴有一定的困难,有时不借助于上下文甚至是不可能的。无动词句语法属性的形成要借助于一系列因素,这其中既有语言内因素(句中成素的语法形式及上下文等),又有语言外成素(言语情景等)。

二、述谓性的表现范畴

句子的述谓性具体体现在"建立在词法范畴基础上的,但超出它们范围特征的句法范畴(时间范畴、情态范畴以及人称范畴)之中"③,维诺格拉多夫认为在这些范畴之中情态性是第一位的。情态性是说话人对报道内容与现实情景的关系所持的态度。说话者可以认为某一事实、某一现象在现实中存在或不存在,可以提出问题要谈话对方肯定或否定它们在现实中存在与否,可以祈求、希望存在或假设存在,可以认为它们可能、应该、必须存在……什维多娃在《70年语法》④中将情态性分为客观情态性与主观情态性。客观情态性是叙述内容同某个现实情景的关系,即所叙述事情是现实中存在的,还是不存在的(可能的,希

---

① Литвин Ф.А. О степенях предикативности//ФН, 1984, №4, стр. 43; Уфимцева А.А. Типы словесных знаков, М., 1974, стр. 117–119.
② Грамматика русского языка, т.2, ч.1, М., 1954, стр. 79.
③ Там же, стр. 78–79. 维诺格拉多夫关于述谓性三个范畴的论述得到了很多学者的支持,在俄罗斯现今的大学教科书中也采用这种观点,参见 Современный русский язык, Теоретический курс: Синтаксис. Пунктуация, М.,1997, стр. 24; Бабайцева В.В. Современный русский язык Синтаксис, Ростов-на -Дону, 1997, стр. 251.
④ Грамматика современного русского литературного языка, М., 1970, стр. 542–545.

望的,应该的),而主观情态性则表达说话人对叙述内容的态度,二者有机地结合起来。情态性在述谓性范畴中占据最重要的地位。情态性可以通过词法、句法以及词汇手段来表达,可以通过分析方式(情态词、情态语气词和语调)和综合方式(主要借助句中动词的式)来表达。在无动词句中,情态性主要通过句子中的组成部分并借助于合适的语调来表达。当然,不可否认,在无动词句中情态意义的表达也受到了一些限制。

与情态性密切相关的是时间范畴,什维多娃①曾有理有据地论述了句法时间和客观情态性的统一性以及不可分割性。时间性主要存在于表达现实性情态的句子中,在非现实的句子中时间性不确定。句法中的时间范畴不等同于词法上动词形式的变化,要比词法上理解的时间范畴范围广。谈及表达手段,首推是动词词法变位形式,其次是借助于句法、词汇—句法及词汇手段来表达。在无动词句中时间性的确定主要依靠上下文(广义的上下文包括整文的叙述时间)以及词汇手段来表达。这样,在动词句中时间范畴的表达主要依靠动词的词法手段,而在无动词句中主要依靠结构—句法手段以及词汇手段。

关于人称范畴也存在着不同的说法。"在述谓性的词的结合中,人称范畴、时间范畴和式的范畴融为一体。"②维诺格拉多夫的观点被许多语言学家坚持下来。佐洛托娃③认为"人称范畴在句子结构中需要特别研究","句法人称,这样看来,不是对比的成分,'说话人—谈话对象—第三人称',而是述谓特征的主体与三个语法人称中一个的,与言语交际活动的参与者的一种相互

---

① Шведова Н.Ю. Парадигматика простого предложения/опыт типологии//Русский язык. Грамматические исследования, М., 1967, стр. 8–15.
② Грамматика русского языка, т.2, ч.1, М., 1954, стр. 13.
③ Золотова Г.А. К понятию предикативности//Теоретические проблемы синтаксиса современных индоевропейских языков, Л.1975, стр. 152.

关系。"但是在《70年语法》①和《80年语法》②中,人称意义从述谓范畴中脱离出去,其原因为:"'人称化'有语法(词法和句法)上和词汇上的表现,本质上说,'人称化'范围中包括各种各样,极不同的语言标志,这些标志以某种方式帮助确定说话人在与其说是语言学上,不如说是语言学以外的三位一体:说话人—交际对方—第三者中的地位";"显然,这种'人称化'和语法没有关系";"'说话人'不可能被承认是形成作为句子语法意义的述谓性的真正句法范畴。"③

俄语中的人称范畴问题的确非常复杂,《语言学百科全书》④对人称的定义为:"人称是动词(在某些语言中也包括作谓语的名词)的语法词形变化范畴,表示行为(过程、特征)主体(有时也指客体)与说话人的关系。人称代词作为词汇—语法类别也具有人称范畴,且人称代词本身即表示人称,而不是由一系列语法形式来表现。"这样,人称范畴可以区分为语法人称范畴和词汇人称范畴。如果说,动词的人称变化形式属于人称范畴的语法范畴的话,人称代词和物主代词则属于词汇人称范畴。

具体到双成素无动词句,人称范畴是由句子的必需成素——主体来表达。第一、第二人称只能通过人称代词来表达,而第三人称则是通过用作主体的所有其他形式来表达。

综上所述,句子的述谓性既可以是句子结构模式的述谓性,又可以是表述的述谓性。句子的述谓性是指说话内容与现实中情景的关系,而表述的述谓性不仅指说话内容与现实情景的关系,而且还指说话者对所说内容的态度。述谓性通过不同层次的手段来综合表达,它们是词法手段、结构—句法手段和语调—

---

① Грамматика современного русского литературного языка, М., 1970, стр. 541–544.
② Русская грамматика, т.2, М.,1980, стр. 86.
③ 参见 Шведова Н.Ю. Входит ли лицо в круг синтаксических категорий, формирующих предикативность?//Русский язык за рубежом, 1971, № 4, стр. 51-55;齐光先:"论俄语句子的述谓性(续完)",《外语学刊》,1992年第6期,第9页.
④ Большой энциклопедический словарь. Языкознание, М., 1998, стр. 271.

句法手段。在动词及系词—静词句中主要的情态意义由式范畴来表达,在无动词句中述谓性主要通过结构—句法手段及词汇手段来表达。

第三节 配价

配价(валентность)一词来源于拉丁语(valentia),意指力量。语言学上的"配价"概念是从化学上借来的,用来表示词与其他成分进行句法联系的能力。西欧语言学界的配价理论是由法国语言学家泰尼埃尔(Л.Теньер)创建的,他认为,句中的结构表现为各个构成成分之间的一层层递进的从属关系,它的顶端就成为一个支配所有成分的"结中结"或"中心结"。中心结在绝大多数的情况下是动词,也就是动词是句子的中心。在《结构句法学》一书中泰尼埃尔把句子比作"小型话剧",句中的动词就是小型话剧中主人公在各种不同的情景中进行的表演。泰尼埃尔把动词又形象地比作一个带钩的原子,动词所带的钩子的数目就是动词所能支配的人物语的数目。他把动词的这种支配能力称为动词的价,并且根据参与者的数目来确定配价的数量。[①]这就是泰尼埃尔的配价语法的核心思想。这样一来,动词便成为整个句子的中心,也是在此基础上形成了动词中心论的构想。

泰尼埃尔的配价理论在语言学界得到了认同,并且涌现出一大批配价研究者,尤其值得一提的是德国的配价研究者勃林克曼(X.Брикман)、赫尔比希(Г.Хельбиг)、申克尔(В.Шенкель)等,他们以丰富的德语材料作为研究对象为配价理论的研究做出了巨大贡献。但配价研究者受泰尼埃尔的影响,研究的焦点主要是动词配价,只是后来才逐渐扩展到名词、形容词等词

---

① 参见 Филичева Н.И., Понятие синтаксической валентности в работах зарубежных языковедов//ВЯ., 1967, №2, стр. 118-119;吴贻翼:"俄语中动词的顺向配价和逆向配价",《中国俄语教学》,2000年第3期,第1页;袁毓林,《汉语动词的配价研究》,江西教育出版社,1998年,第12页。

类。①

在俄罗斯语言学界，配价概念由卡茨内尔松（С.Д. Кацнельсон）首次引入，他于1948年在《列宁格勒大学学报》上发表了题为"论语法范畴"的文章，在这篇文章中他引入了配价概念。②俄罗斯的配价研究者，如基巴尔金娜（С.М. Кибардина）、斯捷潘诺娃（М.Д. Степанова）、阿普列相（Ю.Д. Апресян）等从一开始就认为配价不仅仅属于动词，也属于其他词类，他们的研究内容涉及词类的组配潜力、词类（首先是动词）的分类、句子成分和结构、各个词类的具体配价分析等方面。配价研究专家一致认为配价是个复杂的概念，具有多层面性。德国语言学家赫尔比希认为配价有逻辑层面、语义层面和句法层面。"逻辑层面——这是概念内容间的语言外关系，语义层面是指词跟充当其补足语的词语在语义上的相容关系，而句法配价则是以句子结构为依据来确定词项的价数，它预示着一定的数目和体的开放位置是必须填充的还是任选的。"③本书论述的主要是句法配价。

配价在语言学中表示语言符号为了组成更大的整体而与其他语言符号联系的能力，但配价又与组配能力（сочетаемость）不同，后者是指"语言单位之间直接的组合联系"④，它比配价意义要广，凡是按照一定的句法联系的结合都叫做组配能力。而配价则不同，它是一种潜在的组配，更确切地讲，"配价是指词的词汇意义中所包含的句法潜能，也就是与另一类确定的实词相

---

① 有关国外语言学界的配价研究，请参看：Филичева Н.И. Понятие синтаксической валентности в работах зарубежных языковедов// ВЯ, 1967, №2; Современные зарубежные грамматические теории (сборник научно-аналитических обзоров), М.,1985.
② Кацнельсон С.Д. К понятию типов валентности//ВЯ.,1987, №3, стр. 20.
③ 转引自 Кибардина С.М. Основы теории валентности, Вологда, 1979, стр. 6.
④ 转引自 Кочерган М.П. К вопросу о разграничении терминов сочетаемость, дистрибуция, валентность//Лингвистика: взаимодействие концепций и парадигм, в.1, ч.1, Харьков, 1991, стр. 194.

结合的能力。"①具有配价的不仅是动词,而且还有其他词类,如名词、形容词、前置词等。但这些词类的配价与动词不同,前者通常只有与其他词组配的能力,不具有预示任何句法结构的能力。比如名词的格形式具有一定的配价,名词第一格形式可以暗示着动词的变位形式,名词第四格形式又暗示着及物动词,但是这种预示是极不稳定的,因为同一种名词格的形式可以用于很多场合。当然,我们并不是完全否定名词类的预示性,只是它们的预示性与动词相比有很大区别。"动词在语义上总是预示着一定的句法结构,具有与其他词组成一定的句法结构的能力。"②"在有动词存在的句子中,通过动词可以更好地解释句子意义乃至于句子中诸多义项之间的关系"③从这个角度看,的确可以把动词看作是整个句子的潜在负荷者,因此有必要首先探讨动词的配价。

一、顺向配价

动词的配价(通常是指顺向配价прямая валентность)有形式配价和内容配价两种形式。形式配价是指配价与一定的词形相联系并受这种语言的综合词法的成分所制约,是对内容配价的表层句法阐述。而动词的内容配价依赖动词的意义,不受该语言语法的任何制约。④动词的内容配价具有各语言的普遍性,是深层语义现象,而形式配价作为履行该语言词法构成的功能在具体的句子中有时和内容配价相一致,有时又相矛盾。

动词配价通常指动词的内容配价。动词的内容配价与其语义密切相关,可以说动词配价是意义的属性。动词在表达一定意义的同时还预示着未来句子的模型。动词述体有"位置"或

---

① Кацнельсон С.Д. К понятию типов валентности//ВЯ.,1987, №3, стр. 20.
② 吴贻翼:"俄语中动词的顺向配价和逆向配价",《中国俄语教学》,2000年第3期,第1页。
③ 郝斌:"再论'配价'和'题元'",《中国俄语教学》,2004年第3期,第1页。
④ 吴贻翼:"俄语中动词的顺向配价和逆向配价",《中国俄语教学》,2000年第3期,第2页;
Кибардина С.М. Основы теории валентности, Вологда, 1979, стр. 13.

"巢",需要句中其他词来填充。这种需要补足的属性受该词的意义饱和程度所制约。这样,动词的配价就是该词要求补充"空位"的数目,即参与者的数目。语言学家一致认为按照配价数目可以把动词分为零位、一位、二位、三位四类,但我们讲动词有几位配价,并不意味着所有这些"空位"都要被填满,这要根据具体句子中所使用的动词的具体意义而定。

谈到动词的内容配价,有必要讲一下动词的词汇—语义分类。佐洛托娃指出:"一方面是对动词组配、配价的描写,另一方面则是对动词进行语义分类,这两个方面做得越成功,就越能清楚地看出这两方面的相互依赖,就像奖牌的两个面一样。"[1]有关这一题目在俄罗斯语言学界有许多论述。[2]我们在对动词进行词汇—语义分类时主要考虑动词的指称、聚合和组合原则。指称原则是现实性的最原始、自然的区分原则,按此原则可以划分出运动动词、言语动词、思维动词等等。聚合原则是通过对相同或区分性成素词义的区分渠道来实现的,而组合原则建立在动词配价的数量和语义基础之上。在这里只提及一类与本书研究的无动词句有关的运动动词[3]。这类动词包括不带前缀的定向运动动词和不定向运动动词,如идти、ходить等以及带各种前

---

[1] Золотова Г.А. и др., Коммуникативная грамматика русского языка, М., 1998, стр. 60.
[2] 对动词词汇语义组的研究近几十年来一直受到特别的重视。从词汇学的角度来看,这首先是由于动词作为一个词类的复杂性,其次是动词语义组更具有结构性,为研究词汇中的系统关系提供了丰富的材料。见:Русская разговорная речь, М., 1973; Почепцов Г.Г. О принципах синтаксической классификации глаголов//ФН., 1969, №3; Степанова М.Д. О внешней и внутренней валентности слова//Иностранные языки в школе, 1967, №3; Филичева Н.И. Понятие синтаксической валентности в работах зарубежных языковедов//ВЯ.,1967, №2 и др.
[3] 运动动词作为典型的词汇语义组经常成为学者们的研究对象,见:Сайкиева С.М. Глаголы движения - перемещения в современном русском языке, АКД., Алма-Ата,1970; Сирота Р.И. Лексико-синтаксическая сочетаемость глаголов движения и глаголов перемещения предмета в пространстве в современном русском языке, АКД., М.,1968; Сергеева Т.Д. Лексико-грамматические связи глаголов движения на внутриглагольном и межкатегориальном уровне, АКД., Томск, 1977; Исаченко А.В. Глаголы движения в русском языке//Русский язык в школе, 1961, №4.

缀的运动动词,如войти, взбежать, уехать, сбежать等等。这类动词一般有三位配价,即完成该运动的主体,回答кто (что)?的问题;运动的起点,回答откуда?的问题以及运动的方向,回答куда?的问题。当然,后面两位配价不一定同时存在,常常是只出现其中一位,有时也会伴以运动方式等内容,这类句子的典型句为:Петр уехал из Москвы на северный Кавказ. 对这类动词还可以继续进行划分,不带前缀的动词可以称为非界限动词,带前缀动词则称为界限动词。与非界限动词相连,前置词的主要作用就是使它们产生了界限性;在界限动词内部,前缀已经开始表达界限的达到与否,在这种情况下,动词前缀与前置词常常是相统一的,即遵从动词前缀+前置词双重性原则,如:отойти от, доехать до等等。在这类句子中主体位置通常由表示人、动物和能够运动的物品(如汽车)的名词或代词来充当,后两位则由前置词+名词间接格形式或副词来表示。值得注意的是,后两位经常被认为是运动动词的任选配价。① 但我们认为,表示方向的成素对于运动动词而言是必需的内容,是必须被补足的"空位",否则句子语义的完整性就会受到破坏。许多语言学家都注意到了这一点,例如德国语言学家艾尔本(Й.Эрбен)就扩大了句子参与者的成分,他② 在研究配价的价位时遵循依附动词成分的语义必需性原则,将状语作为句子的必需成素。卡茨内尔松③ 也承认在某些动词后面这类成素是必需的,他指出,在这些动词的语义中已经有对这类成素的指示,在这些动词出现时同时出现了为它们准备好的空位。对于运动动词而言,表示方向或地

---

① 在语言学界经常把动词的参与者分为必需的和任选的。关于必需配价与任选配价详见吴贻翼:"俄语中动词的顺向配价与逆向配价",《中国俄语教学》,2000年第3期及С.М. Кибардина, Основы теории валентности, Вологда,1979, стр.31. 我们认为,应在具体分析动词词义的基础上谈必需性与任选性比较合理。与运动动词连接的表示方向或地点的成素总是引起争议,有关这一点我们将在本章第五节"句子模型"中详细讨论。

② 参见 Филичева Н.И. Понятие синтаксической валентности в работах зарубежных языковедов// ВЯ, 1967, №2, стр.123.

③ Кацнельсон С.Д. К понятию типов валентности//ВЯ.,1987, №3, стр. 26.

点的成素正是运动动词顺向配价所要求的内容。当然,这些"空位"在具体的句子中并不一定被填满,这与上下文及言语条件,与说话者的具体意图有关,但这并不影响它们与动词的潜在联系。

我们再一次聚焦前置词+名词结构可以发现,它们能进一步确定动词的语义。虽然前置词不同于动词前缀,但在组合关系层面,这些前置词所附加的补充意义与动词并不互相排斥,而是彼此相容地出现在一个句子里,如在句子 Она вышла из метро на площадь Маяковского 中等于是 идти из 和 идти на 两个意义融合在一起。同时,虽然表示方向的成素是运动动词的配价要求,但前置词与名词的具体词汇意义也起很大作用,它们和动词在语法及语义层面也相互制约。

动词配价论反映了语言结构中动词与其他词之间的一种最基本的联系,它不但具有很高的理论价值,而且还有很强的实践意义,可以用于机器翻译和语言教学。但我们讲动词配价并不意味着配价只属于动词,具有配价要求的还有名词、形容词等。在俄罗斯语言学界,从卡茨内尔松引入配价概念之始,配价就不仅仅属于动词,更何况"像在英语和俄语中远不是每个句子都含有可以从配价角度进行研究的动词。"[1]本书所研究的无动词句也可以说是对"动词中心论"和动词句的挑战。下面我们就谈一谈无动词句存在的理论基础之一——逆向配价(обратная валентность)。

二、逆向配价

逆向配价这一术语是由马克西莫夫(Л.Ю. Максимов)首次提出来的,后来希里亚耶夫在苏联科学院俄语研究所编写的《俄语口语》一书中明确了逆向配价的概念:"句中存在实现其他成

---

[1] Мухин А.М. Валентность и сочетаемость глаголов//ВЯ., 1987, №6, стр. 52.

分配价属性的成分,但却没有这些配价属性的携带者,这时候……讲逆向配价更合适。带有逆向配价的成分预示的不单是动词—述体,而是一定语义的动词—述体。"①这里讲的就是我们所要研究的无动词句。泽姆斯卡娅进一步指出:"带有零位动词—述体的结构属于哪个聚合体是由它的组合关系决定的。重要的是要强调,在这里起作用的是成分的逆向配价。正是成分的逆向配价表示在结构中存在着零位动词。这时成分的语法特征预先决定逆向配价的形态—句法方面,也就是预示动词,扩展动词成分的词汇语义决定着零位动词的意义,决定其属于哪个相似聚合体。"②

我们在前面谈运动动词的配价时讲到,表示方向意义的前置词③+名词间接格形式虽然是运动动词配价的要求,但同时它们与动词在语法及语义层面相互制约,可以进一步明确动词的语义。霍洛多维奇(А.А. Холодович)根据动词亚类理论提出动词的亚类有着同型的最佳组配场,即在动词周围建立起一个使必需词汇自然卷入的同型的最佳组配场;同时,动词的亚类在功能上也依赖于自己的同型最佳组配场。也就是说,同型的最佳组配场反过来也决定动词的功能,即动词的配价反过来决定动词的功能和语义。④关于逆向配价,霍洛多维奇曾形象地定义为"只有仆人,没有主人"。类似的观点科谢克(Н.В. Коссек)也表达过,他⑤指出:在бежать в лес这一组合中,动词预示着出现某些前置词,名词也同样预示着一定的前置词,而前置词因其处于

---

① Русская разговорная речь, М., 1973, стр. 293.
② Земская Е.А. Русская разговорная речь: лингвистический анализ и проблемы обучения, М., 1979, стр. 139;吴贻翼:"俄语中动词的顺向配价和逆向配价",《中国俄语教学》,2000年第3期,第4页。
③ 也有学者认为前置词同样具有配价能力,在语义、句法和语用层面都有体现,详见吴梅:"前置词配价研究",《中国俄语教学》,2011年第3期。
④ 参见 Холодович А.А. Опыт теории подклассов слов//ВЯ., 1960, №1, стр. 37;吴贻翼:"俄语中动词的顺向配价和逆向配价",《中国俄语教学》,2000年第3期,第4页。
⑤ Коссек Н.В. К вопросу о лексической сочетаемости //ВЯ., 1966, №1, стр. 98.

该结构的中间位置,它既可以预示着名词,也可以预示着动词。换句话讲,就是句中的某些位置的链条可能是非常紧密地联系着,一个词形的位置可以预示着另一个的位置。正是这种联系的紧密性和互为条件性可以允许结构联系"链条"上的某些成分可以缺失,却并不影响句子的语义完整。这样,运动动词可以作为动词亚类形成一个具有三位配价的最佳组配场,这三位配价在具体的句子中反过来也会决定动词的语义。具体而言,在诸如 Он едет в Москву 这类动词句中,Он 和 в Москву 是动词 едет 的配价要求,但与此同时,这两位配价 в(前置词表示方向)+ Москва(莫斯科作为运动的终点)和 Он(由代词表示的能运动的人)一起也可以进一步明确动词的语义。正因为此,在动词缺少的情况下,这两位配价同样会预示出动词的语义,这也就是逆向配价的具体内容。换言之,动词配价要求的成分一方面从语法角度(属于哪个词类以及具体的名词格形式)决定了该成分的句法组合可能性,进而确定了逆向配价的形式—句法方面,另一方面从词汇语义角度(属于某个确切的语义组)也就决定了该成分的词汇结合并且预示着逆向配价的语义内容。

需要说明的是,只有作为动词的必需扩展成分的成分具有逆向配价,它们并且经常与一定词汇—语义组的动词处于紧密联系之中。阿普列相[①]以大量动词实例为基础,对动词的强支配和弱支配进行了数量分析实验,他认为被强支配的句式对句中行使支配关系的动词具有很大的预示力。也就是说,动词强支配的成分可以在很大程度上预示动词。在动词缺省的情况下,动词的强支配成分能对动词语义有一定的预示作用,但需要注意的是这种预示能力不是绝对的,并且预示的往往不是某个具体的动词,而是一定的词汇—语义组动词,正如莫斯克维京娜[②]

[①] Апресян Ю.Д. О сильном и слабом управлении//ВЯ., 1964, №3, стр. 32-49.
[②] Москвитина Л.И. Формально-семантическая организация и функционирование эллиптических предложений., Спб., КД, 1995, стр. 30-31.

所讲,无动词句表达的只是普遍的、占优势的典型意义,也正是此意义使无动词句获得意义上的完整性。句子的具体语义仍需要在一定的上下文及言语情景中得以进一步确定。可以说,动词与动词后成分的这种紧密联系反映的是最典型的语言外现实的关系。

值得一提的是,我们这里讲的逆向配价与希里亚耶夫的观点有些区别,希里亚耶夫只注意到了动词的右翼位,忽视了左翼位,而左翼位与右翼位同样重要,只有两者综合考虑才能对句子的语义得出较正确的判断。[①] Отец в город 这类无动词句中,由于前置词+名词结构不比动词,它们的预示性不很稳定,可以预示很多语义,如идет, звонит, пишет等,但其中最典型的是идет。由于该句的左翼位是表示人的名词或代词,右翼位是表示运动方向的词,因此从语义角度来看它们预示运动动词的能力最为典型。

也有学者[②]直接提出名词间接格形式同样具有配价,同动词一样,配价属性和数量取决于名词间接格形式的词汇—语法性质。但与动词所不同的是,名词间接格形式的配价属性只能在一定的微观上下文(句子)中去研究,因为名词间接格形式的语义结构在单独的词形层面不能获得完全展开,必须考虑到其所处的句法位置和包围场,也就是很多时候需要讲的不是名词作为词类的句法配价,而是其作为句子成分的配价,或者更准确地讲——是关于位置的配价。名词的范畴意义对名词间接格的配价属性有很大影响,这就促使我们必须要分析无动词句中成素的具体词汇填充情况。

顺向配价也好,逆向配价也罢,配价的双向性特点得到了很

[①] 参见吴贻翼:"俄语中动词的顺向配价和逆向配价",《中国俄语教学》,2000年第3期,第5—6页。

[②] Безденежных Е.Л. Двусоставные безглагольные предложения в современном русском языке, М., 1972, стр.163.

多学者的认同①,具体就动词而言,就是动词在句中与其所要求的成分的联系是双边的,即动词在确定自己的包围场的同时也受其制约。也就是,一定的动词不难预示出可能参与成分的范围,一定的包围场的存在同时也不难恢复可能出现的动词。

沈家煊②在论及句式和配价时谈到了"自下而上"和"自上而下"两种方法,所谓"自下而上"是指从动词出发研究动词的配价情况,以此来说明句子的合格性,通过把握组成成分的差异来把握句子之间的差异,而"自上而下"是指从句式出发来观察动词和相关名词的组配关系。如果说"自下而上"研究的是动词的顺向配价的话,那么"自上而下"则类似于逆向配价,只有将顺向配价和逆向配价③综合考虑才能对语句进行正确解读。正如沈家煊所说:"自下而上的研究应该跟自上而下的研究结合起来才能对句子的合格性作出充分的解释。"④

综上所述,在无动词句中正是由于逆向配价的作用,句中的前置词+名词间接格形式(副词)才能预示出典型动词的语义和功能,从而使无动词句具备了语义的完整性。

第四节　聚合体

20世纪初语言学家索绪尔在研究语言时发现两种主要的关系,一种是对立关系,这种关系产生互有区别又可以替换的形式,另一种是构成序列的单位之间的关系。他指出,在语言的序

---

① 参见 Кузнецова Э.В. Русские глаголы "приобщения объекта" как функционально-семантический класс слов, АДД., М., 1974.
② 参见沈家煊:"句式和配价",《中国语文》,2000年第4期,第291—297页。
③ 与顺向配价和逆向配价的观点相类似的还有积极配价和消极配价的理论,所谓积极配价是指词组的主要成分,即"主人的组配能力",是指词要求其他词作为自己的从属成分的能力,而消极配价是指词组的从属成分,即对该"仆人"要求哪些"主人"的限定,是词从属于其他词的能力。参见 Современный русский язык под редакцией В.А. Белошапковой, М., 1989, стр. 570; Краткий справочник по современному русскому языку, М., 1995, стр. 12.
④ 沈家煊:"句式和配价",《中国语文》,2000年第4期,第292页。

列中,一个成分的价值不但取决于它的那些可能替换它的成分之间的对比,而且取决于在序列中这个成分的前后各项。索绪尔把第一种关系称为关联关系(ассоциативные отношения),现在一般称为聚合关系(парадигматические отношения),把第二种关系称为组合关系(синтагматические отношения)。更确切地讲,组合关系是构成线条性序列的语言要素之间的**横**的关系,而聚合关系是指在一个结构中占据同一位置具有同一作用的语言要素之间的**纵**的关系。这两种关系适用于语言分析的各个层次。①关联关系首先在词法方面的聚合体系理论中得以发展,因为词法中聚合体获得最规范和形式化的特征,随后聚合体系理论得到进一步推广,适用于语音、构词、句法、语义等领域,用来分析音位、词素、词、句子等语言单位。

一、狭义与广义理解的聚合体

聚合体(парадигма)的概念是由苏联语言学家根据索绪尔的组合关系和聚合关系提出来的。对聚合体有广义和狭义两种理解,并且根据其所属的不同层面又分为词法聚合体、句法聚合体和构词聚合体。②我们主要来讨论一下句子的聚合体。谢杰利尼科夫③是第一个在句法学科创建聚合体的学者。他认为句子是一个复杂单位,同时也是几个对比聚合系列的成分之一。对比聚合系列根据时间、情态、人称、数、叙述方式而确定。那些相对所有这些形式而言的共同的东西,谢杰利尼科夫称为模式。俄罗斯语言学界对句子聚合体的提法有以下两种不同的意见:

一种意见以什维多娃为代表。她对句子聚合体做狭义的理

---

① 参见 J.卡勒:《索绪尔》,中国社会科学出版社,1989年,第60—63页;吴贻翼:《现代俄语句法学》,北京大学出版社,1988年,第96—106页。
② 参见 Большой энциклопедический словарь. Языкознание, М., 1998, стр. 366.
③ Седельников Е.Н. Структура простого предложения с точки зрения синтагматических и парадигматических отношений//ФН., 1961, №3, стр. 70—71.

解，认为句子的聚合体是句子形态的体系，即句子结构模式内的变形。什维多娃的句子聚合体学说具体是：1.述谓性是句子的语法意义；2.述谓性具体体现在情态意义（各种形式的现实和非现实方式）和时间意义（过去时、现在时和将来时）之中，而且时间意义在一定范围内与情态意义相关联；3.情态—时间意义是由句子形态组织的变形表达出来的，这种变形被称为句子的形态，而表达述谓性范畴的句子形态体系被称为句子的聚合体。什维多娃认为，句子的聚合体可分为完全聚合体和不完全聚合体。完全聚合体有8种形式，句法陈述式（现在时、过去时、将来时）和非句法现实式（假定式、条件式、愿望式、祈使式和应该式）。[1]我们所研究的无动词静态句，如Отец на работе；Друзья рядом属于N1-N2(adv...)结构模式，该模式的聚合体具体为：

Друзья рядом；

Друзья были рядом；

Друзья будут рядом；

Друзья были бы рядом；

Если бы друзья были рядом...

Были (бы) друзья рядом!

Пусть друзья будут рядом!

Друзья будь рядом...

什维多娃在提出句子聚合体这一概念的同时，又提出了句子结构模式的正规体现（регулярные реализации простого предложения）。她把用词形填入模式构成句子称为模式的体现。所谓模式的正规体现是指模式体现时可以有某些规律性的变异。我们所研究的无动词动态句，如Отец в город是对动词模型句的"不取决于上下文的不完全体现"。[2]

---

[1] Русская грамматика, т.2, М.,1980, стр. 10, 85-87, 98-99, 302.

[2] Там же, стр. 120; Грамматика современного русского литературного языка, М., 1970, стр. 559.

另一种意见是对句子的聚合体广义的理解。持这种意见的不仅有俄罗斯语言学家佐洛托娃、别洛沙普科娃(В.А.Белошапкова)等,而且还有捷克语言学家阿达梅茨(Адамец)等。佐洛托娃①认为简单句是一个系统,其中原始模式与自己的变异处于正规关系之中。这种变形是根据某个语法和语义特征而得来的。她区分出三种变形:1.语法变异;2.结构—语义变异;3.句法同义结构。佐洛托娃的语法变异是指句子是按时间—情态意义而变化的,这与什维多娃的句子聚合体相似,如:Гости входили; Гости будут входить; Пусть гости входят...; У детей была радость; У детей была бы радость...;所谓结构—语义变异是指原始句结构根据过程特征、开始意义、表情色彩、疑问和否定意义等构成的系列,这大致与什维多娃的正规体现相对应,如:Он физик; Он стал физиком; Он хочет стать физиком; Он не хочет стать физиком; Разве он физик? ...而第三种是指原始句是同一系列的基础,在此情况下这一系列的所有成分由类型意义相连,但不保持完整的模式,如:Он физик; Его специальность — физика; Он специализируется по физике; Он занимается физикой...

别洛沙普科娃②在综合什维多娃、阿达梅茨、佐洛托娃等看法的基础上,明确指出了模式内的变形、模式间的变形以及层次间的变形三者的界限。她认为句子的聚合体有三种类型:1.结构模式内的变形,即不改变结构模式特征的变形;2.结构模式间的变形,即从一个结构模式的句子变换为另一个结构模式的句子,但是它们之间在意义上是相对应的;3.层次间的变形,即句子变换为与其意义相应的其他句法单位或结构(如词组、复合句或其组成部分——从句等)。别洛沙普科娃的句子聚合体系以相同的词汇基础为其前提。

---

① Золотова Г.А. Очерк функционального синтаксиса русского языка, М., 1973, стр. 200-201.
② Современный русский язык под редакцией В.А.Белошапковой, М., 1989, стр. 658.

对句子的聚合体无论是狭义的理解还是广义的理解,它们实际上并不相互排斥,而是互为补充。

另外,希里亚耶夫有别于对比聚合体(парадигма противопоставления)大胆提出了相似聚合体(парадигма подобия)的概念。对比聚合体实际上就是什维多娃狭义理解的聚合体,而相似聚合体的实质是:"其成分在聚合体一段或整个系列中可以相互补足,因为其意义在某一层面是可以相互再现的,这些形式在某种限度内可以互相替换。"①这样,Отец в город便与Отец поехал в город, Отец побежал в город等结构形成相似聚合体。希里亚耶夫也正是在此基础上提出了零位的概念。相似聚合体与广义理解的聚合体也有区别,它们有些类似正规体现形式。汉语和英语中对聚合体的理解多是这种相似聚合体。②实际上,对聚合关系的把握需要对"对立"和"相似"两个层面做出综合分析。正如王铭玉教授所言:"聚合关系的实质在于语言符号单位的成素有些是相似的(或相同的),有些是相对立的。相似部分是聚合关系内在组织能否构成的基础,而对立部分是聚合关系外在价值能否构成的基础。所以,对聚合关系的把握离不开'相似'原则和'对立'原则的制约。"③

二、无动词句的聚合体形式

无动词句的聚合体曾引起许多学者的注意,尽管对无动词句尚没有一个定论,但学者们都指出了这类句子在聚合体方面的特色,如:"这些句子有自己的特点,有自己的聚合体特色"④;"俄语中存在大量的无动词句,传统上认为它们是不完全句,是

---

① Русская разговорная речь, М., 1973, стр. 291.
② 关于汉语和英语中的聚合体理解,请参见徐盛桓:"聚合和组合",《山东外语教学》,1983年第3期,第12—21页;邬若蘅:"论诗歌翻译中的组合关系与聚合关系的运用",《解放军外国语学院学报》,2001年第1期,第80—83页。
③ 王铭玉:"聚合关系的制约因素",《中国俄语教学》,1998年第3期,第7页。
④ Грамматика современного русского литературного языка, М., 1970, стр. 589.

省略动词的句子，但是这些无动词句有自己的模式，自己的聚合体，自己的扩展规则……"① 关于无动词句中是否存在狭义理解的时间—情态聚合体，俄罗斯语言学家对此持不同的看法。什维多娃、哈布尔加耶夫认为无动词句存在时间—情态聚合体，无动词动态句是对双部动词句的非正规体现。《70年语法》②的著者们认为，无动词动态句的聚合体中没有过去时、将来时形式以及没有假定式和应该式形式，但可以构成愿望式(Если бы он о деле)和祈使式(Давай о деле)等等。无动词静态句则排除应该式（尽管在理论上是可行的）。而佐洛托娃③认为"报导主体运动方向的无动词句不具有情态—时间的聚合体"。她④指出："在这类句子中时间和情态意义不是通过动词的词法形式，而是通过结构—句法手段，从而使句子语法聚合体中的相应形式成为多余的和不需要的。这种结构、意义以及在交际功能上的特色使我们有足够的理由认为这类句子是相联系的句法结构。"持相似观点的还有布卡列恩科(С.Г. Букаренко)，讲到时间性，她指出："这类句子与时间聚合体相脱离，具有相对的超时间性。时间意义要在整个叙述背景下或借助于词汇手段（也就是借助于时间层面的边缘表达手段）得以确定。"⑤

在综合各家学派的观点后，我们赞同吴贻翼教授⑥的观点，认为：在无动词句中既无动词，又无系词，其谓语或述体通常是用间接格名词或副词等表示的，而名词和副词都不具有表示方式和时间的词法范畴，因此无动词句具有不完全的聚合体形

---

① Русская грамматика, т.2, М.,1980, стр. 9.
② Грамматика современного русского литературного языка, М., 1970, стр. 589.
③ Золотова Г.А. и др., Коммуникативная грамматика русского языка, М., 1998, стр. 182.
④ Там же, стр. 186–187.
⑤ 参见Букаренко С.Г. Отличие двусоставных предложений со сказуемым, выраженным падежной или предложно-падежной формой существительного, от сходных с ними неполных и эллиптических//Лингвистические дисциплины на факультете русского языка и литературы, М., 1973, стр. 146.
⑥ 参见吴贻翼："再谈现代俄语中的无动词句"，《中国俄语教学》，2000年第2期，第3页。

式。这类句子脱离上下文或语境,表示陈述式的现在时。我们认为这样描写无动词句的聚合体比较客观和公正。

第五节 简单句的模型

在谈模型之前,有必要先来谈一谈句子的结构模式 (структурная схема предложения)。句子的结构模式是由造句所必需的最低限度成素组成的抽象的模型。它是对句子形态组织描写的一种新形式。采用这种新形式来描写句子的形态组织在俄罗斯语言学界始于20世纪60年代末,它的出现不仅符合语言学研究对象形式化和模型化的总趋势,而且也顺应描写句法学的实际应用,特别是外语教学与机器翻译的需要。[①]这一构想在《70年语法》《80年语法》以及其他相关句法学著作中得到完整的叙述,但是对结构模式这一概念并没有一个统一的、一致的理解。目前存在着两种不同的观点:一是以最低述谓限度 (предикативный минимум) 为其界限的结构模式;二是以最低称名限度 (номинативный минимум) 为其限度的结构模式。第一种观点以俄罗斯语言学家什维多娃为代表,她[②]认为:"简单句的述谓核心(结构模式)是具有自己形态组织和语言意义的句法样板,按照这一样板可以构成独立的非扩展句。""构成句子述谓核心的……词形叫做句子述谓核心或结构模式的成素。在句子中这些成素就是它的主要成分,即它的述谓核心。"这就是说,句子的主要成分就是组成结构模式的必需成素,模式的扩展成分都被排斥在最低限度结构模式之外,因此这种模式是具有语法完整性的非扩展句结构。这样,我们所感兴趣的动词句,如:Мать поехала на базар; Мы рассказали об экскурсии; Дом находится в западной части деревни 等句子,其结构模式均为

[①] 参见吴贻翼:《现代俄语句法学》,北京大学出版社,1988年,第72页。
[②] Русская грамматика, т.2, М.,1980, стр. 84–85.

N1—Vf,即由名词第一格形式和与它相一致的变位动词构成，但如果去掉后面成分 на базар, об экскурсии, в западной части деревни，这些句子并不能合成现实中存在的句子。因此，最低述谓限度原则有一定的局限性，"它只考虑句子语法上的完整性，而忽略了句子信息上的完整性。"[1]正如尤尔琴科[2]指出：根据最低限度原则，必然会把一些极重要的词类，诸如副词和名词间接格形式，即句子的疏状成分与客体成分排除在句子语法结构之外。通常，这些成分被机械、任意地添加于"现成的"已经完整的句子结构中，作为起特殊的补充作用的"扩展成分""限定语"等等。他还指出，最低限度原则必然导致对句子及其界限问题的解决自相矛盾，模棱两可。他提出，最低限度原则应该被代之以另外的原则，即述谓结构的适当性原则。这一原则意味着，在句子的恒定结构中，其组成部分的数量不应是最低限度的，而应是适当的。适当性原则只要求一点，即在提取述谓结构时，必须依据语言实际的研究成果，而不能按照个人的关于句子结构的最低限度或最高限度的先验见解行事。

另一种观点是以阿鲁丘诺娃（Н.Д. Арутюнова）、洛姆捷夫（Т.П. Ломтев）等为代表的。持这一观点的语言学家把"语义上独立的界限"，"实现称名功能的界限"看作是划分最低限度句子的标准。这样，句子的结构模式是最低限度的称名单位。[3]它不仅是述谓单位的形态组织，而且也是句子的语义组织。它既有语法上的完整性，又具有内容上的完整性。因此，所有与表达内容完整有关的成分都是模式的必需成素。由此可见，这一观点对模式的理解比前一观点要广得多，所以，有人称这种模式为"扩展的结构模式"。[4]按照这种观点，我们上述三个句子中的前

---

[1] 吴贻翼、宁琦：《现代俄语模型句法学》，北京大学出版社，2001年，第28页。
[2] Юрченко В.С. Структура предложения и система синтаксиса//ВЯ., 1979, №4, стр. 79-81.
[3] Современный русский язык под редакцией В.А.Белошапковой, М., 1989, стр. 635-636.
[4] 参见吴贻翼：《现代俄语句法学》，北京大学出版社，1988年，第76页。

置词+名词间接格形式都是句子结构模式所必需的成素。

这两种不同的句子结构模式是建立在对最低限度句子概念的不同理解基础之上的,也可以说是语言学家对句子结构模式不同层面的分析,两者并不对立。"从形态方面看,结构模式是最低限度述谓单位的形态组织;从语义方面看,则结构模式必然是最低限度称名单位的语义组织。"①另一方面,这两种观点也反映了对句子抽象的程度和层次不同。"最低述谓限度的结构模式的体系具有更大的抽象性,而最低称名限度的结构模式体系因语义方面的复杂性则抽象程度较低。"②也可以说,前者模式的界限明确,其抽象程度较高,因而模式的数量有限,便于分类和记忆,但后者由于模式的抽象程度较低,模式的界限因此不太明确,导致模式数量较多,影响其抽象样板作用的发挥。并且,述谓最低限度是挖掘句子的述谓核心,可以说是对句子进行的"自下而上的抽象",而称名最低限度关注的是能否构成履行交际功能的句子,此模式是对句子进行的"自上而下的抽象"。

需要指出的是,我们所研究的无动词句不管在对模式的哪种理解之下都是被忽略的,常常被归入与其相似的动词句中。例如,别利乔娃—克尔日科娃在《79年语法》中所提出的句子结构模式便是以动词价值的概念为理论基础。她认为述谓性是作为语言交际单位的句子所必需的特征,而述谓性与动词紧密相连,因此"动词起着句子结构组织中心成素的功能"。③动词在句子结构中的中心作用为越来越多的语法学家所认同。他们把动词看作是整个情景的负荷者,它不仅指出某个行为或状态,而且还决定行为参加者之间的作用。因为"动词与其他一切词类的范畴相比较,是最具有结构性的"。④但是俄语中又存在着大量

---

① 吴贻翼、宁琦:《现代俄语模型句法学》,北京大学出版社,2001年,第37页。
② 李勤、孟庆和:《俄语语法学》,上海外语教育出版社,2006年,第464页。
③ Русская грамматика, т.2, Academia Praha, 1979, стр. 676.
④ Виноградов В.В. Русский язык, М.,1947, стр. 422; 吴贻翼:《现代俄语句法学》,北京大学出版社,1988年,第83页。

的无动词句,它们已获得了结构、语义上的完整性,也应有自己的结构模式,这也是不容忽视的事实。

我国对俄语简单句结构模式及其语义结构的研究起步于20世纪70年代,尽管起步较晚,研究人员很少,但是已经取得一定的成果。①尤其值得一提的是吴贻翼教授和宁琦博士在把结构和语义有机结合的基础上,提出了"句子模型"(модель)的概念,"将句子的结构模式和语义结构统一起来,成为同一有机体中的不可分割、不可缺少的两个组成部分,共同构成句子的模型,摒弃以往单纯地侧重结构模式或语义结构的研究角度,以使模型最大限度地发挥样板作用。"②

这样,俄语简单句的模型是从句子结构和语义中抽象出来的句法样板,这个样板具有自己的结构模式和语义结构,并且根据这一样板可以生成最低限度的语法和信息上完整的现实句子。鉴于此,有必要重新审视动词句及无动词句的问题。首先有必要提及句子结构模式与句子成分的关系。什维多娃主张以述谓单位来划分句子结构模式,她在《70年语法》中指出,句子结构模式是由主要成分构成的,即双部句中的主语、谓语或单部句中的主要成分。而她在《80年语法》中又进一步指出,句子的主要成分就是构成结构模式的必需成素,因此,它既包括传统语法中双部句的主语和谓语,单部句中的主要成分,又包括传统语法中的某些所谓"次要成分"。对结构模式的这种理解在双成素的句子模式中体现得最为明显,如:Солнце светит,这类句子的任何成分都不能被去除,否则会破坏模式的语义。但是,将句子成分分为主要成分和次要成分的传统划分往往忽视这样一种情

---

① 如北京大学吴贻翼教授、宁琦教授的专著《现代俄语模型句法学》以及吴贻翼教授的系列文章,如《试论作为外语的俄语句子结构模式》《试论作为外语的俄语句子语义结构》《试论动词的价值和述体的价值》等,还有上海外国语大学李战国博士的文章《关于句子结构模式理论的产生及其价值》、北京大学宁琦的博士论文《简单句的模型》及其一系列文章。
② 宁琦:"现代俄语简单句的结构模式、语义结构及模型",《中国俄语教学》,1998年第4期,第11页。

况，即次要成分在很多现实的句子中的必需性问题，因为它们补充或者确定那些语义上欠缺或者在语法、语义方面不确定的主要成分。具体就带运动动词、言语动词、方位动词的句子而言，动词后面扩展成分是必需的，否则句子的语义完整性就会被破坏，无法起到传递完整信息的作用。因此，最为明智的是彻底摒弃传统语法中将句子成分划分为主要成分和次要成分的理论，仅以结构—语义的必需性为标准来确定句子模型的组成。

正是基于这种理解，我们将表示地点、方向意义的前置词+名词间接格（副词）结构划为句子模型的必需成素。因为，它们一方面是动词配价的要求，另一方面也是句子信息完整性的需要。一些学者已经列出了此类句型的模式，在《现代俄语模型句法学》①中就出现了模型 N1(C одуш./ неодуш.) – Vf relat (П отношение) – C adv (Л)，其典型句为：Школа находится в городе.《79年语法》在讲到句子的结构中心时指出，在双部句中除了主语和谓语外，某些疏状成分也进入结构中心，这通常是表示客体和状语意义的疏状语。在该书中引证的例子有：Nn—Vf—Nx：Охотник убил медведя；Nn—Vf—Adv：Книга лежит на столе 等等。这样，在阐述双部句的结构基础时就区分出 Nn—Vf—Nx 和 Nn—Vf—Adv 模式。在 Nn—Vf—Nx 内部又区分出很多类型，如：Nn—Vf—от Ng, отойти от；Nn—Vf— про Na, говорить про кого/ что. 在 Nn—Vf—Adv 中又区分出 Nn—Vf—AdvLoc，如：Книга лежит на столе，该书中又列出在这类句子中动词可以是 находиться, очутиться, побывать 等等。在 Nn—Vf—AdvDir 模式中，用于位移意义的动词需要指出运动的起点和终点，根据运动点性质的不同可以有两种方式：Nn—Vf—куда 和 Nn—Vf—откуда。②

这样，在我们所研究的带有运动动词、言语动词、方位动词

---

① 吴贻翼、宁琦：《现代俄语模型句法学》，北京大学出版社，2001年，第96页。
② Русская грамматика, т.2, Academia Praha, 1979, стр. 687–707.

的动词句中动词与其后成分共同组成述体组,由于语言系统的作用,在动词缺少和语义弱化的情况下,前置词+名词间接格形式(副词)则完全承担起述体功能,从而保证了无动词句在结构—语义上的完整性。正如郭聿楷教授所指出的,"这些结构广泛用于日常口语,经常表示某种最常用的典型含义,在长期语言实践中发展成为带有一定程式性特点的结构模式。它们本身似乎包含了与产生这些结构的一定语言环境的联系,同时又能脱离这些环境而独立存在。"①因此,我们认为,无动词句已经具备了自己的模型和典型意义,其中无动词动态句的模型为:N1(Pron)[C одуш.]+Adv (N2...)[П действие]和N3(Pron)[C одуш.]+Adv (N2...)[П действие];无动词静态句的模型为:N1(Pron)[C одуш. / неодуш.]+Adv (N2...)[П отношение+Л.]。

当然,在分析句子时仅谈模型远远不够,对于句子而言,具体的词汇填充同样重要。在《70年语法》《80年语法》中无动词句用一个N1 – N2(Adv...)模式来概括,这一高度抽象化的模式并不能反映句子结构的实质性特征,尽管在模式中已反映出句子两个成分之间的关系,但从内容上讲,这种关系又具有多样性,因此有必要对句子的语义进行具体分析,分析其具体的词汇填充规则。因为不研究句子结构的内容、意义层面是不能全面、详尽地认知句子结构的。词的语法意义在现实的具体句子中与其词汇意义处于各种不同的相互关系之中。正因为此,相同的句法结构借助于不同的词汇填充便可以表达不同的信息内容。具体的词汇填充规则对分析无动词句格外重要,因为"正是句中名词间接格形式的意义不仅决定了句子概括的语法意义,而且决定了结构的特性。"②这样,我们在归纳出无动词句模型的同时,还要在以下章节中对该模型的词汇语义填充做具体的分析,

---

① 郭聿楷:"俄语中动词谓语省略结构",《中国俄语教学》,1982年第2期,第29页。
② Безденежных Е.Л., Двусоставные безглагольные предложения в современном русском языке, КД., М., 1972, стр. 80.

以求全面揭示无动词句的结构、语义和修辞特色。

第六节　过渡性理论

　　语法是语言的精髓,自罗蒙诺索夫的《俄罗斯语法》于1757年问世至今,俄罗斯语言学的发展无不以语法研究为中心。几百年来,历经众多语言学派(逻辑学派、心理主义学派、形式学派、喀山学派、莫斯科学派、彼得堡(列宁格勒)学派、功能主义学派等等)和几代语言学家的研究和探索,已经建立了较为科学、全面的俄语语法体系,几乎对各个层次的语法学问题都进行了多层面、多视角的研究和论述。但正如在自然界中不仅有黑与白,还有大量的中间色调一样,在语言中亦是如此。大量的言语事实表明,许多语言现象不具有某一范畴的明显的区分性特征,而是兼有对立的两个(或几个)范畴的特征,这就构成语法领域"非此非彼"或"亦此亦彼"的特殊问题。这些现象因其非典型性和特殊性,应引起语言学家的更多关注。正如谢尔巴(Л.В. Щерба)曾讲:"在语言中明确的只是典型的极端现象,中间现象在最初阶段——在说话人的意识里——是动摇的,是不确定的,但是正是这种不确定的,动摇的现象最应引起语言学者的注意。"[1]彼什科夫斯基在《论俄语句法的科学阐述》一书中谈及词形时也说道:"说实话,在具有完整形式和完全模糊的形式之间存在大量的过渡阶段,语言根本就没有'突变'。"[2]过渡性理论正是以不确定的语言现象为研究对象。

　　俄语语法中的过渡现象很早就引起了语言学家们的注意,不同时期的语言学家,如谢尔巴、彼什科夫斯基、维诺格拉多夫、米吉林(В.Н. Мигирин)、切斯诺科娃(Л.Д. Чеснокова)、希古洛夫(В.В. Шигуров)、波利托娃(И.Н. Политова)等都对过渡现象

---

[1] 转引自Бабайцева В.В. Явления переходности в грамматике русского языка, М., 2000, стр. 3.
[2] Пешковский А.М. Русский синтаксис в научном освещении, изд.7, М., 1956, стр. 14.

有所涉及①。其中对俄语语法中的过渡现象研究得最全面,最系统的当属俄罗斯语言学家巴巴依采娃。如果讲她于1955年发表的《形容词短尾向无人称—述谓词的过渡》是对过渡性研究的开篇之作,1969年的博士论文《句法中的过渡结构》是对过渡性这一语言/言语复杂现象深入研究的阶段性总结,那么,2000年由莫斯科《Дрофа》出版社出版的《俄语语法中的过渡现象》一书则是巴巴依采娃几十年来对过渡性潜心研究的结晶,该书详细阐述了过渡性理论体系(теория переходности)和她在语法结构过渡性研究方面所取得的成果。

那么,究竟什么是过渡性(переходность),什么是过渡现象呢?巴巴依采娃是这样定义的:"过渡性是指这样一种语言属性,它将语言事实连接为一个完整的系统,来反映出语言事实间的共时性的联系和相互作用,从而也保证了历时转变的可能性。"②巴巴依采娃区分出历时过渡性和共时过渡性,历时过渡性反映的是语言系统,其个别成分发展的历史,反映其进化的过程,历时过渡性是在时间上互相替代的语言成分间的相互关系;而共时过渡性则是在现代语言系统中对立的中心(典型)范畴(结构、类型)间的相互关系和相互作用所形成的带有边缘环节及中间环节的综合区域。关于语言现象的历时过渡性很多学者均有论述③,巴巴依采娃的这本专著对语言现象的共时过渡性研究做了很好的补充。历时过渡性和共时过渡性可以用过渡率

---

① 参见谢尔巴:《论俄语词类》,北京时代出版社,1957年;Пешковский А.М. Русский синтаксис в научном освещении, М., 1956; Бабайцева В.В. Явления переходности в грамматике русского языка, М., 2000; Шигуров В.В. Переходные явления в области частей речи в синхронном освещении, Изд-во Саратовского университета, Саранский фил. 1988; Чеснокова Л.Д., Печникова В.С. Современный русский язык – морфология, Ростов-на-Дону, 1997; Политова И.Н. Переходность в системе подчинительных словосочетаний в современном русском языке, Коломна, 2008.

② Бабайцева В.В. Явления переходности в грамматике русского языка, М., 2000, стр. 15.

③ 如Акимова Г.Н. Новые явления в синтаксическом строе современного русского языка, Л., 1982; Акимова Г.Н. Новое в синтаксисе современного русского языка, М., 1990等。

(шкала переходности) А→Аб→АБ→аБ→Б 和 А—Аб—АБ—аБ—Б来一目了然地解释。其中箭头表示历时转变的方向,横线则表示语言/言语现象之间的共时关系。过渡率上的两个端点 А 与 Б 分别代表具有一系列区分性特征的作为对比的两个平等成分,它们表示对比的中心并且是某种划分的典型结构。在 А 与 Б 之间存在着无数个过渡环节,为了方便起见,巴巴依采娃采用 Аб、АБ、аБ来表示中间环节,用它们来反映对应现象之间的相互关系,这些过渡环节构成了交叉领域。处于交叉领域的语言现象在获有特征方面是不同的,这里用大小写来表示获得特征的比例。比如:处于 Аб 环节的占有 А 的特征多,处于 аБ 环节的占有 Б 的特征多,处于中间环节的则是兼有 А 与 Б 的特征。这样,Аб 与 аБ 构成边缘区域,而 АБ 形成中间区域。需要指出的是,过渡率上并不是所有五个环节都能得到填充,在具体分析言语材料时可以有一个或两个环节的缺少,并且用共时过渡率来分析并不意味着语言现象一定会从一种过渡到另外一种,它们实际上是在语言中共存的,采用过渡率有助于更细微地看出语言现象的区分性特征及相其相互联系。当然,由于语言处于动态地发展变化中,也应辩证地对待历时过渡性和共时过渡性。在对语言现象进行共时分析时,也有可能发现语言发展的新趋势,语言现象实现从量变到质变的转变,实现由共时过渡到历时过渡的转变。

　　过渡性理论和西方认知语言学的范畴理论以及功能语言学中的功能语义场理论有异曲同工之处。认知语言学认为范畴具有"中心"(典型)和"边缘"(非典型成员)的内部结构。范畴的中心是范畴的典型成员(原型),而原型相似性较低的成员则属于非典型成员。在认知语言学中,范畴没有明确界定的边界,范畴的边界是开放的、模糊的,而功能语义场研究在一个统一的系统中表达同一个语义范畴的不同层级的各种方式和手段。如果讲范畴理论和功能语义场探讨的是单个范畴的中心与边缘现象,典型与过渡现象的话,那么过渡性理论关注的则是两个甚至几个范畴之间的过渡现象,揭示的是范畴间的相互作用和相互关系。

我国学者也从不同侧面和角度对语言中的过渡现象进行了介绍和研究。许崇信教授可以说是我国最早对俄语过渡结构进行研究的学者。他早在1959年就曾发表文章《论俄语语法中的过渡现象》,介绍和论证了俄语语言中的过渡结构。吴贻翼教授、张会森教授、李勤教授等也对语法中的过渡现象有过论述。但从国内目前关于俄语语法过渡现象的研究现状来看,发表的多是关于某类具体过渡现象的论文,如:陶源的论文"从俄语词的过渡现象谈某些'词类外词'的归属问题,吴梅的博士论文"俄汉语句子中过渡现象对比研究"等,尚没有对过渡现象进行全面系统分析和综合研究的成果。

语言作为人类最重要的交际工具,随着社会的发展而发展变化。这就要求语言学研究也要与时俱进,动态性地发展。动态就要求研究者关注由于语言各层次间的相互联系和作用而产生的过渡交叉现象,从而在整体上把握语言发展的脉络和趋势。正如吴贻翼教授所言:"随着句法结构研究得越来越深入,对句法结构间的过渡结构研究的要求也越来越强烈。这一趋势逐渐发展成为当前句法研究中的一个重要倾向。"[1]句子作为句法的基本单位在句法系统中占有中心位置。它一方面与词组相连,另一方面又与复合句、超句子统一体乃至篇章发生关系。传统上往往根据主要成分的数量和构成、次要成分是否缺少、结构模式实现的完全性与否对简单句进行划分,但这种分类并不是一成不变的,总有新的结构类型产生、发展并在相互作用下形成众多的交叉领域,它们包含了两种乃至数种类型的特征。本书将运用过渡性理论,采用过渡率来对无动词句在简单句体系中的位置进行分析。

---

[1] 吴贻翼:"现代俄语句法研究中的某些重要倾向",《外语学刊》,1988年第3期,第6页。

第三章
我们所理解的无动词句

在对语言学的基本问题——语言及言语、述谓性、配价、聚合体、简单句的模型和过渡性理论进行阐述之后,可以这样讲,从来源上看,无动词句已经由个别的言语事实转化为语言现象;从结构上讲,句中的名词间接格形式(副词)已经具备了充当述体的能力;从语义角度分析,由于逆向配价的作用使无动词句具备了语义上的完整性;从特色上讲,无动词句比相应的动词句更具有表现力。语言单位都有自己的表现层(план выражения)和内容层(план содержания),形式和意义的统一只限于典型的语言现象,在很多语言现象中体现的却是形式和内容的不和谐。如果说动词句是形式和意义的统一体的话,无动词句则在某种程度上破坏了表达手段和语义内容的和谐,从而使它在述谓性的表达和聚合体形式上都有一定的局限性,但它们有自己的表达方式和特色。在过渡性理论观照下,无动词句在简单句体系中占据自己的特殊位置。但是要对无动词句进行正确定位,必须对不完全句做一重新划分、重新审视动词与句子的关系。另外,学者们经常使用"零位""省略"等术语来描写无动词句,"零位"和"省略"究竟是怎样的语言现象以及是否可以对无动词句进行界定等等。我们试图在对上述问题作出回答的基础上提出对无动词句的理解。

第一节　重议不完全句

在俄罗斯语法学界,"不完全句"这一术语开始使用于19世纪30年代,但它至今仍是引起众多争议的问题之一。虽然在许多句法著作及大中学教科书中都对简单句进行了完全句与不完全句的划分,但到目前为止仍没有一个被各派学者所共同接受的定义和分类标准。完全句和不完全句的区分受到语言学发展程度的限制,它涉及许多问题,诸如如何看待句子的本质和功能,句子成素的关系问题,语言现象与上下文及言语情景的关系问题等。与完全句和不完全句的区分密切相关的就是本书所研究的无动词句, 如 Татьяна в лес, медведь за нею; Мы о деле; Книга на столе 的归属问题。

一、不完全句的划分标准

完全句与不完全句的划分可以建立在句子的形式或语义特征基础之上,也可以从篇章角度分析。从形式角度来看,不完全句是指这样一些句子,它缺少对于句法结构而言所必需的成分,缺少的常常是动词谓语,在这一形式标准之下,语义标准可以考虑,也可以不考虑;而从语义角度来看,不完整是指意义上的不足,即指在句中缺少这样的成分,其语义靠上下文及言语情景来补足;从篇章角度看不完全句,是要解决应用不完全句的原因以及在现有的上下文条件下不完全句的功能特点等问题。

1. 形式标准

在回顾无动词句的研究历史时已经清楚地看到,对于19世纪和20世纪的语法学家,包括逻辑学派、心理学派、形式学派来讲,动词,尤其是变位动词成为句子的必需成分。波捷布尼亚的"句子中不能缺少变位动词(verbum finitim),它本身构成句子"这一著名论断深深地影响了完全句和不完全句的分类。缺少动词成为句子不完整的主要标志。本书所研究的无动词句常被划为不完全句。

对完全句和不完全句的研究，沙赫马托夫和彼什科夫斯基向前迈了一大步。承认单部句为完全句是沙赫马托夫的一大贡献。"不完全句"术语对于沙赫马托夫来讲是和句子成分的形式省略联系在一起的，并且只是主要成分的省略。他将省略主语的句子定义为"缺少型"句子，而将省略谓语的句子定义为"被破坏型"句子①。无动词句正属于"被破坏型句子"这一类。实际上，正如列卡恩特所言："他将形式上不同的句子都冠以'不完全句'的称谓。"②

而在彼什科夫斯基看来，不完全句不仅指缺少主要成分（少主语、谓语，或者二者皆无）的句子，也指缺少次要成分的句子。彼什科夫斯基的句法关系不间断原则后来一直成为划分不完全句的基础。比如穆欣（А.М. Мухин）认为不完全句是句子的某一成分（核心的或非核心的）在表现层没有得到体现的句子；艾拉佩托娃（И.Р. Айрапетова）认为形式分类标准是准确的。句子完整/不完整的问题首先是句子词汇构成的问题，而不是关于其意义的问题；阿尔扎诺娃（И.А. Аржанова）也认为评定句子完整与否的客观标准是其形式—语法组成，是其结构。③彼什科夫斯基的观点也遭到了某些学者的批评，如列卡恩特指出："彼什科夫斯基的句法关系的不间断原则不能成为划分完全句与不完全句的明确标准，因为现代俄语中许多句子既可以由能构成不间断句法链的词组构成，也可以由不构成词组的单个词构

---

① Шахматов А.А. Синтаксис русского языка, М., 1941, стр. 48.
② Лекант П.А. Синтаксис простого предложения в современном русском языке, М., 1986, стр. 143–144.
③ 参见 Мухин А.М. Еще раз о неполных предложениях//Теория и практика лингвистического описания иноязычной разговорной речи, Уч.зап. вып.49, Горький, 1972; Айрапетова И.Р. Эллиптическое предложение в тексте (на материале английского и русского языков), АКД., М., 1992; Аржанова И.А. Функционально-коммуникативные и лингвистические функции эллиптических конструкций в современной художественной литературе на английском языке, АКД., М.,1999.

成。比如在 Ты кроткого нрава 一句由词组 кроткого нрава 和单个的词 ты 构成，句中并未发现具有句法联系的不间断性，ты 既不能支配 нрава 一词，也不能决定其形式，但该句是公认的完全句。"①

2. 语义—形式标准

对不完全句只是建立在形式分类的基础上的理解，忽视了其语义方面的特点，因此，在20世纪40—50年代，不完全句理论在语法学界引起了激烈的讨论。波波娃于1953年发表的"现代俄语中的不完全句"②一文可以说是对以往不完全句理论的总结和新观点的开端，她提出应从语义—形式的统一角度来研究简单句，形成了将句子的语义完整和形式—语法成素的完整相结合这一分类标准。这样，波波娃将本书所研究的无动词句称为省略句（эллиптическое предложение），而不是不完全句。在她看来，这类句子的最大特点是其在语法形式相对不完整的前提下表达相对完整的语义，并具有鲜明的表情功能。但语义标准并不能真正解决问题，正如波波娃自己所讲："任何一个句子在具体的条件下都具有完整的语义交际功能。"③在具体言语条件下，在具体的上下文中每个句子与自己的结构和功能相适应都表达相对完整的意义，是完整的句子。这样，不完全句的问题实际上依旧悬而未决，语义完整也不能成为划分完全句与不完全句的标准。类似的观点在其他学者的论述中也可以找到，如列卡恩特④指出，意义的完整、信息的自足不能成为句法区分不完全句的标准。也正因为无法解决形式完整与语义完整这一矛

---

① Лекант П.А. Синтаксис простого предложения в современном русском языке, М., 1986, стр. 145–146.

② Попова И.А. Неполные предложения в современном русском языке//Труды института языкознания, т.2, М., 1953.

③ Там же, стр. 13.

④ Лекант П.А. Синтаксис простого предложения в современном русском языке, М., 1986, стр. 353.

盾,有些语法学家根本否定划分完全句和不完全句。① 而另一些学者则试图解决这一矛盾,巴巴依采娃②正是对简单句采取了形式—语义分类,她分别根据句子结构和语义特性的相互关系将不完全句分为三类,即结构上完整、语义不完整的句子,如 Сказали мне, что заходил за мною кто-то...(Пушкин);结构、语义均不完整的句子,常见的上下文及情景不完全句属于此类,如 Спустя время вышел он во двор. Я — за ним. (Шолохов);和结构上不完整、但语义完整的不完全句,无动词句便属于此类。巴巴依采娃的理论也获得了一些学者的支持③,在具体谈及 Татьяна в лес 这类句子时,巴巴依采娃也称其为省略句,同时她也指出,"在完全句和省略句之间并没有明确的界限,它在过渡区域变得很模糊,在这个过渡区域内有许多因素相互交叉作用,其中名词间接格形式的词汇—语义特征起很大作用。"④

在聚合体理论和句子的结构模式理论获得发展以后,语言学家不是将不完全句作为句法单位的一个单独类型来分析,而是将其置于与完全句的聚合关系中去综合考虑。这样,如果说完全句是按结构模式建构的,那么不完全句便构成了结构模式的言语体现。什维多娃⑤便将不完全句划分为取决于语境和不取决于语境的简单句的正规体现,后者,在语法上未获得表现形式的词形一定属于句子的结构模式,比如,缺少谓语的类型:Он к тебе; Я о деле; 缺少主语的类型:Иду; Читаю 等等,这与传统上区分的缺少主语、谓语的不完全句相类似;而取决于语境的正规体现只出现在具体上下文条件下及确定的言语情景中,如:

---

① 艾拉佩托娃因"不完全句"术语的不准确性而拒绝使用它。参见 Айрапетова И.Р. Эллиптическое предложение в тексте, АКД., М., 1992, стр. 38.

② Бабайцева В.В. Современный русский язык. Синтаксис, Ростов-на-Дону, 1997, стр. 162-175.

③ Данг Нгок Зиеп, Неполные односоставные предложения в современном русском языке, АКД., М., 1992.

④ Бабайцева В.В. Современный русский язык. Синтаксис, Ростов-на-Дону, 1997, стр. 175.

⑤ Грамматика современного русского литературного языка, М., 1970, стр. 551, 558-559.

Кто у него отец? —Учитель等。什维多娃的观点也遭到了某些学者的批评,佐洛托娃就不认为不完全句是模式的正规体现。在她看来,在言语及具体上下文中,在履行交际功能时可以使用任何一个句法结构。具体语境条件下的不完全结构,如果属于语言系统,则只是指它们是由语言材料构建的,与句子模式无关。无动词句在佐洛托娃看来根本不是模式正规体现,而是独立的句型。佐洛托娃提出自己的划分不完全句的标准,她将组成句子的最小单位——句素分为自由句素(свободная синтаксема)、限制性句素(обусловленная синтаксема)和非自由句素(связанная синтаксема)。自由句素具有最大的句法潜能,它既可以单独使用,也可以作为句子的结构要素,如:Его дом — у реки; Дети играют у реки;限制性句素则不能单独使用,它可以直接用作句子的结构要素,也可以构成词组使用,如:украшать квартиру, руководить людьми;而非自由句素在功能上受到一定限制,只用于词组从属词,如:Мне не спится. Его знобит. 这样,在带有名词类句素的模型中,只有由非自由句素组成的,并且没有动词参加的句子为不完全句。对比Татьяна в лес和Татьяна — письмо两句,第一句中的в лес是自由句素,表示运动的方向,该句是完全句,而第二句中的письмо是限制性句素,表示客体意义,只用于词组中,因此第二句是不完全句。①

3. 篇章角度下的不完全句

20世纪后期篇章语言学获得了发展,越来越多的学者不再把句子作为孤立的句法单位来静止地研究,而是放在篇章中,放在连贯语中去动态地分析,从而进一步揭示其结构、语义及功能修辞的特点。研究者们试图在篇章中找到一个划分不完全句的合理标准。其实,对于不完全句的功能修辞层面的研究早在波

---

① 参见 Золотова Г.А. Коммуникативные аспекты русского синтаксиса, М., 1982, стр. 193-194; Синтаксис современного русского языка, Филологический факультет Санкт-Петербургского государственного университета, 2013, стр. 172-173.

波娃时期就开始了,她在文章中便已指出不完全句具有多样性,因此对上下文及情景的依附程度也不同。主张在篇章中研究不完全句的学者们认为,在不完全结构中只有一部分有对应的、确定的语言模式,而大部分则以句法结构的任何成分的身份参与句子的构建,因此必须求助于句子的组合关系,也就是求助于篇章。科尔尚斯基(Г.В. Колшанский)也认为,从交际语言学的角度看,交际本身便是一个互相联系的表述链,像一个连贯的口头或书面的篇章,这其中存在的一系列相互联系的表述已为另一些在某些片段中重复成素的缺少或表现创造了条件。他认为不完全句的语义单靠句中存在的语法形式是不行的,主要靠上下文来填充。不完整作为篇章现象首先是功能定义,不完整是在言语中产生的,由篇章所派生,也就是语言系统提供用于构成篇章的这种或那种不完全结构,而篇章则给予限制和筛选。[1]而功能标准实际上是以上下文为标准,它建立在对不完全句特性的理解之上,也就是不完全句常受语境制约,并具有交际功能意义。在篇章层面讨论句子完整/不完整问题,一是能够看出该语言单位在组合关系上是依附的还是独立的,二是从此揭示出在篇章条件下该单位的作用,即不完全结构作为结构链上的一环,动态地推动篇章的发展。主张在篇章层面区分不完全句的学者认为,不完全结构在篇章中很大程度上定位于组合关系,不仅在内容层面,在结构层面也是如此,因此,区分和确定不完全句应在功能—篇章层面进行。

虽然学者们对不完全句的划分原则所持意见不一,但都不否认不完全句的交际特点,也就是句中的未填补位置有助于突出句中的其他成分,即加强这些成分所携带的新的信息,因此不完全句成为加强表述的交际中心的主要句法手段,并且不完全句还能赋予表述以生动性、自然性,最重要的是突出新内容。

---

[1] 参见Колшанский Г.В. Контекстная семантика, М., 1980, стр. 41.

二、不完全句的综合分析

纵观不完全句的研究史，可以看出，语法学家已从不同角度证实了句子是一个多层面的复杂单位，仅从一个侧面来分析它，得出的结论必然是不全面的。句子结构通常包括三个层面：形态组织、语义组织和交际组织。形态组织是静态结构，句子是独立的、静止的、结构上完整的句法单位；交际组织是句子的动态结构，这种组织能够对言语中句子的语境或上下文作出回应，从而使句子实现交际任务，进入语境或上下文；句子的语义组织是从语义角度来概括其静态结构，看其语义是否自足。句子组织的这三个层面既互相联系，又相互区别。

正是基于对句子的这种理解，库吉莫娃①认为完全句与不完全句的相互关系表现在以下三个方面：1、从结构角度看，在完全句中结构模式的所有必需成素都获得表现形式，而在不完全句中某个成素则是隐蔽的，未获得表现形式；2、从语义角度看，完全句的信息表达是通过其自身必需的所有成素，它不依靠上下文及语境，而不完全句则要靠上下文及语境的支持才能获得语义完整；3、从功能—修辞角度看，完全句在修辞上是中性的，而不完全句则可以节约语言材料并且具有丰富的表现力，它总是突出信息的"新内容"。

本书对不完全句也采用综合分析的方法，认为只有确实缺少结构及语义层面都必需的成分的句子为不完全句，并且这些成分需要依靠上下文及情景来填充。这就是被许多语言学家和大中学教科书普遍接受的上下文及情景不完全句。至于本书所研究的无动词句，我们认为在 Татьяна в лес, медведь за нею; Мы о деле; Книга на столе 这些句子中，并不是动词谓语的省略，也不是句子模式的正规体现，它们已实现了从言语省略到语

---

① Кудимова В.Н. Структурно-семантическая соотносительность полных и неполных предложений в современном русском языке, АКД., Киев, 1980, стр. 10.

言弱化、消失的转变。它们在结构—语义方面是自足的,脱离上下文及语境已经可以单独进行交际,并具有鲜明的表现力和修辞特色。因此,我们认为无动词句已成为语言中的一种结构—语义模型,是结构—语义完整的完全句。

语言是在不断向前发展的。有一个不争的事实,那就是不完全句的范围正在不断变化,某些被冠以"不完全句"的结构获得了独立性,还有一些结构重新加入"不完全句"的队伍。越来越多的简捷的、极富表现力的口语结构(包括大量无动词句)进入书面语,并获得新的语法、语义及修辞特色,这一趋势也势必影响到将来的简单句的结构—语义分类。

第二节 动词与句子

动词与句子是语法学的中心问题之一,对于俄语语法尤其如此,可以说是"永恒"的问题之一。这首先是由动词和句子这两个单位的特殊性决定的,动词是词法层面的中心单位,而句子又是句法层面的中心单位。语法学家一直想解决动词与句子的关系问题,但直到今天可以说仍没有一个完满的答案。最普遍的看法是:动词是句子的必需及主要成分;动词是句子的组织核心;动词本身就是句子(或者是最低限度的句子)。这种观点在布斯拉耶夫、波捷布尼亚、沙赫马托夫、彼什科夫斯基等学者的著作中可以清楚地看到。动词是特殊的"综合"称名单位,它除了自己的基本意义,也就是表达某个具体行为、现象、状态外,还可以"代表"由其词素描写的整个情景的意义、参与者的选择以及它们的作用等等。学者们都将句子的基本特性归于动词性(глагольность)。这种观点在波捷布尼亚的学说中得到了最直接的体现,他认为"主要句子不可能没有用于其本义的动词"。[①]不仅俄罗斯学者认为动词是句子的核心,其他国家的学者也持

---

① Потебня А.А. Из записок по русской грамматике, т. 1-2, М., 1958, стр. 73.

类似看法,如印度语法学家指出:"动词在句中是必需成分,因为它对于句子来讲是不可或缺的。而名词是第二位的,因为它只是在表示存在的句中才是必不可少的。"①动词中心论的观点在捷克《79年语法》中得到了很好的体现。这部语法的著者们认为述谓性是句子作为语言系统的交际单位的不可分割的特征,而述谓性与动词紧密相连,这样就必须承认动词在句子结构组织中履行中心成素的功能。他们还认为,如果不计通过词形换位或者词形组合而构成的句子,那么,任何句子都可以归结为以动词的人称形式为核心框架。②

但句子是否从一开始就必须含有动词呢?沙赫马托夫③反对关于动词必需性的绝对论断,他指出"无系词句"是有历史渊源的。在古代俄语中"无系词句"便与系词句平行存在(尤其是在静词性合成谓语中是否使用есть, суть)的事实是毋庸置疑的。后来产生的述谓性作为句子的共同特征使各种不同的非动词句摆脱了"非语法性的印记",它和动词句一样成为符合语法规范的结构。《54年语法》④讲到谓语时已经明确指出:用于人称形式的动词——这是双部句中最典型的谓语形式,同时谓语还可以由不定式、名词、形容词、数词、代词等等来充当。在个别情况下,甚至可以由副动词及感叹词来充当,并且谓语也可以通过词的组合来表达。

常常讲动词构成句子的中心,是句子的组织者。一方面,这是因为动词句的特殊应用性;另一方面,也是因为动词的人称形式可以非常直观地,以词法形式便能表现出人称、时间和情态范畴。但是对动词的这种认识也具有片面性,因为并不能反映出俄语句子的多样性。"句子的动词类型不仅处于俄语句法的中

---

① 转引自 Копотев М.В., Безглагольные предложения в истории русского языка, КД., Петрозаводск, 1999, стр. 9.
② Русская грамматика, т.2, Academia Praha, 1979, стр. 670.
③ Шахматов А.А. Синтаксис русского языка, М.,1941, стр. 179-181.
④ Грамматика русского языка, т.2, ч.1, М., 1954, стр. 387.

心,而且也'压迫'了句子的其他类型。"①实际上,述谓性作为句子的基本特征,它属于全句,不管句中是否存在动词形式。

佐洛托娃指出:"动词性"与"谓语性"的概念虽然紧密相连,但不能作为同义词来使用。虽然述谓关系常以动词为基础,但是述体却并不总是动词,俄语中的述体还可以由名词、形容词、状态词以及其他实词类的词来充当。她在谈及科学院三部语法的功绩时讲道:很遗憾,将不同的前置词+名词间接格结构归于唯一的非实质性的"间接格形式",语法便堵死了对其进行区分性的分析之路,并且对带"名词间接格"谓语的句子有8种聚合体形式和可以带有半实体动词以及对比连接词的正规体现做出了不足信的定论。②

的确,不可否认,述谓性、谓语性和动词性彼此关联,是动词作为词类的特殊性将它们结合起来,动词通过词法手段便可以表示时间、人称和情态范畴,是述谓性的最直接体现者,也因此常在句中作谓语。但这些概念属于不同层面,包含范围也不同,不能简单地对其划等号。述谓性除了借助于动词的词法形式来表达,还可以有其他表达手段,与句中是否有动词并没有直接关系;而充当谓语的更是不仅仅是动词,还有其他词类,这已经是语言学界的共识。③

这样,对动词变位形式作为句子必需成分的否定必然得出这样一个结论,即关于动词作为句子结构中心具有不可替代性的论断是虚设的。动词在句子结构的构建中并不起决定作用。也正是基于这种认识,一些学者④提出述体中心论的观点。主体是言语的对象,是由事物意义名词化成素表示的述谓特征的持

---

① Грамматика русского языка, т.2, ч.1, М., 1954, стр. 78.
② Золотова Г.А. Коммуникативные аспекты русского синтаксиса, М., 1982, стр. 60, 186.
③ 参见Лекант П.А. О некоторых вопросах структуры предложения//Ученые записки МОПИ, 1964, т. 148, стр. 107.
④ 参见吴贻翼:"俄语的配价语法和述体中心论",《俄罗斯文艺 学术专刊》,2000年,第13页;吴贻翼、宁琦:《现代俄语模型句法学》,北京大学出版社,2001年,第71页。

有者。述体是对主体的叙述,是述谓特征的体现,即指出主体在一定的时间和情态范围内所具有的特征,同时也决定了这一特征参加者之间的作用分配。由于主体和述体是对句子成素从语义层面的概括,因此它们在形态上没有一定的客观标志,特别是对述体的词类性质也没有特殊要求。这样,动词中心论无法解释的无动词句便可以用述体中心论来加以分析阐释。

我们虽然否定动词的必需性,但却不能从一个极端走向另外一个极端,即认为句法系统的基本单位——句子完全不依附于动词。恰恰相反,主要的句法范畴——情态性和时间没有相应的动词范畴和形式的支持是不可想象的。在俄语句法传统中通常依据动词的范畴和形式来看句子的基本语法意义,因为"对于动词作为句子组织者的理解不仅可以解释动词句占据句子的大多数并且大量使用的原因,而且动词的变位形式可以直接并且直观地通过词法形式表现出人称、时间、情态等语法范畴。与这些范畴密切相连的正是作为句子实质性特征的述谓性概念。"[①]也正是基于这种观点,无动词句一度被认为是不完全句。但是句子的基本语法意义对于动词范畴和形式的定位并不意味着句子动词结构的优越性,并不能降低我们全方位研究和描写句子的非动词结构的重要性和现实性。"动词天生适合作述体,并不意味着述体均是动词,也不意味着动词因此可以从词法的概念一跃成为句法上的结构概念乃至于语义上的成素概念。"[②]动词范畴对于句子具有基础意义,同时在句子结构中动词的具体参与又是非必需的,这样处理动词与句子的相互关系比较现实和客观。一些学者正是基于这种理解,把句子分为两类基本的结构语义类型——动词句与非动词句。动词句的中心是实义动词,它保证了句子述谓性的词法表达手段,确定了句子模型的

---

① Виноградов В.В. Основные вопросы синтаксиса предложения//Исследования по грамматике, М., 1975, стр. 266.
② 郝斌:"再论'配价'和'题元'",《中国俄语教学》,2004年第3期,第2页。

构成。句子语义结构的核心是表示行为、过程意义的述体,同时也决定了句中其他成分,如主体、直接客体等的出现。而非动词类型句则是由静词类构成的结构总和。时间及情态意义在这类句中可以通过系词或者直接通过动词的缺省来表达。

在探讨动词与句子的关系问题时,不少语言学家都大胆地提出自己的观点。亚力山德罗夫(Н.М. Александров)在分析了大量的语言实例之后指出,动词作为句子的语义成素将逐渐在各类语言中消失。在德语中越来越多地应用动词—静词词组(其中动词已经发生语义弱化),并且静词类结构在英语中也获得了很大发展。在包含动词—静词组合的句子中述谓关系主要是静词间的关系,连接的动词具有的只是形式上的意义,用来确定静词间关系所存在的条件(时间和情态)。在这类现象中静词的作用在逐步加强并使动词逐渐处于次要位置,这也是在各种语言中观察到的普遍现象。①

众所周知,同一个情景,或现实中的同一事件可以使用不同的语言手段,使用不同的句法结构来表达。毫无疑问,语言是表达人类思维和情感的最忠实、最准确、最强大的工具。正是这些丰富的表达手段赋予了语言本身以包容性,多层次性,没有它们,语言便不能胜任其重要的社会功能。

第三节　零位及省略等术语的应用

零位及省略问题很早就引起了各国语言学家的关注,它也

---

① 参见 Александров Н.М. О предикативном отношении//Теоретические проблемы синтаксиса современных индоевропейских языков, Л., 1975, стр. 133–138.

是一直引起众多争议的问题之一。①本书所研究的无动词句经常被定义为省略句或者带零位结构的句子。②那么,究竟哪些语言现象可以称为零位和省略?两者又有哪些共同点和区别?如何定义无动词句才合理呢?

一、零位

"零位"作为术语已经在语言学界广泛使用。正如福米内赫所言:"零位作为语言学概念中不可缺少的术语已经获得'公民权',它广泛用于音位学、语音学、词法、构词法及句法领域。"③在俄语语法研究中零位常用于描写各种不同的现象,如"零位系词""零位动词""零位句法形式""句子的零位成分"等等。由此可见,零位涵盖了不同的语言层面,因此,有必要对这一术语作一具体限定。

在词法中零位现象不引起争议,比如单词形式дом, жен,

---

① 参见 Пешковский А.М. Русский синтаксис в научном освещении, М., 1956, стр. 258; Галкина-Федорук Е.М. О нулевых формах в синтаксисе//Русский язык в школе, 1962, №2; Попова И.А. Неполные предложения в современном русском языке//Труды института языкознания, т.2, М., 1953; Ширяев Е.Н. Нулевые глаголы как члены парадигматических и синтагматических отношений, АКД., М., 1967; Ширяев Е.Н. Основы системного описания незамещенных синтаксических позиций//Синтаксические структуры. Межвузовский сборник, Краснодарск, 1984; Хабургаев Г.А. Реализация валентностей глагола движения в современном русском языке//Вопросы русского языкознания, вып.2, М., 1979; Ш. Балли, Французская стилистика, М., 1961; Нефедова Л.А. Эллипсис в акте коммуникации//Научные труды МГПИИЯ, Сборник научных трудов, вып.177, М., 1981; Аржанова И.А. Функционально-коммуникативные и лингвопоэтические функции эллиптических конструкций в современной художественной литературе на английском языке, АКД., М., 1999; Сковородников А.П. О неполноте эллиптических предложений (в аспекте их синтагматики и парадигматики)//Синтаксические структуры. Межвузовский сборник, Краснодарск, 1984; Долин Худжанд Ю.Т. К теории синтаксического нуля// Русский язык в школе, 1995, № 2 и другие.

② В.Г. Тер-Абрамова, Н.С. Валгина, Д.Э. Розенталь等学者认为无动词句是省略结构;А.М. Пешковский, Е.М. Галкина-Федорук, Г.А. Хабургаев等学者认为无动词句是零位结构;Б.И. Фоминых等学者认为在无动词句中既有省略又有零位现象。

③ Фоминых Б.И. Простое предложение с нулевыми формами глагола в современном русском языке и его сопоставление с чешскими конструкциями, АКД., М., 1968, стр. 5.

сестер 等，与这些单词的其他格形式（дома, дому; жены, женам; сестры, сестрам）相比，上述词形缺少词尾构成零位形式，但在句法中零位现象引起很大争议。彼什科夫斯基[①]在《论俄语句法的科学阐述》一书中引入了句法零位这一术语。他认为在 Отец в городе 这类无动词句子中缺少具有存在意义的动词，存在十足的动词零位谓语，因为"这里我们观察到的是一个空位，语言中动词的缺少表示的是陈述式现在时形式"。加尔金娜—费多鲁克、希里亚耶夫等语言学家也赞同这种观点。但是也有不少学者否认这类句子中存在零位成分的说法，认为这类句子的述谓性由其结构—句法手段表达，是通过句子的结构模式，通过其成素的语义—语法组成来表达的。[②]

实际上，对于零位的不同理解与对聚合体（парадигма）的理解密切相关。在本书理论基础部分已对聚合体做了详细阐述，除了对聚合体的狭义和广义的理解之外，还可以区分出对比聚合体和相似聚合体。对比聚合体是指同一句子在不同时间，不同情态下的体现，就实质而言，对比聚合体就是狭义理解的聚合体。这样，Отец в городе 和 Отец в город 这两类句子的聚合体形式为：

现实意义（陈述式）

现在时：Отец　　　в городе.　　Отец в город.

过去时：Отец **был**　в городе.

将来时：Отец **будет** в городе.

非现实意义：

假设：Отец **был бы** в городе.　　Отец бы в город.

条件：Будь **бы** отец в городе.　　В город бы отец.

愿望：Если **бы** отец **был** в городе!　Если бы отец в город.

[①] Пешковский А.М. Русский синтаксис в научном освещении, изд.7, М., 1956, стр. 258.

[②] 参见《54 年语法》《70 年语法》和《80 年语法》以及 Золотова Г.А. К вопросу о неполных предложениях// Русский язык: Сб.тр./МГПИ им.В.И.Ленина , М.,1975, стр. 117.

命令：Пусть отец **будет** в городе。 Пусть отец в город。[①]

在这一聚合体条件下，在 Отец в городе 类无动词句中可见现在时陈述式形式的零位，而在 Отец в город 这类无动词句子中并不见任何零位形式。目前被大多数语言学家接受并采纳的句法零位概念正是建立在对比聚合体基础之上的，它是指这样一些位置（позиция），它的句法意义并未获得表现形式，而是通过与其他形式的对比来获得，也就是"句法零位现象是指能表达一定的句法内容，但缺少其表现形式。"[②] 这样看来，零位概念应建立在以下基础之上：1）在时间—情态聚合体中缺少此形式；2）此形式表达句子的一定语法意义。

正是在这种主旨下，波库萨延科（В.К. Покусаенко）为句法零位下了定义，"这样一些形式可以称为零位，它们的缺少表达一定的语法意义。"[③]

而相似聚合体是在与其他平行相似结构对比的基础上得出的。其实质是：在这一聚合体系中处于同一位置的成分可以相互补充、相互替代。这样，Отец **в городе** 与 Отец **находится в городе**；Отец **бывает в городе**；Отец **живет в городе** 等形式形成相似聚合体；而 Отец **в город** 与 Отец **поехал в город**；Отец **побежал в город**；Отец **бросился в город** 等形式形成相似聚合体。在这种聚合体中上述两类句子均可用零位来描述。但是在 Отец в город 类句子中的零位形式与 Отец в городе 类的零位形式不同。后一类句中零位形式表达的是陈述式现在时含

[①] 有关这一聚合体详细内容请参见 Чиркина И.П. Проблема неполноты предложения и ее изучение в вузе// Вопросы синтаксиса русского языка, Калуга, 1969, стр. 21-22.

[②] Булыгина Т.В., Шмелев А.Д. Референциальные характеристики синтаксических нулевых элементов//Семиотические аспекты формализации интеллектуальной деятельности, М., 1985, стр. 287.

[③] Покусаенко В.К. Неполные предложения в современном русском языке, Ростов на Дону, 1979, стр. 12.

义,而在Отец в город这类句子中,零位形式并不具有纯语法意义,而是表达语义—修辞内容。和相似的动词句相比,该类句子表达快速运动,具有鲜明的表情功能。

需要值得一提的是,我们在词法中用"零位"来描写"дом, жен, сестер"这些词形,并不是指这些词形有所欠缺,不符合语言规范,只是通过"零位"来揭示这些词形和其他词形的区别。同理,我们用"零位"来描述这两类无动词句也同样并不意味着此类句子在结构上的不完整,是动词句的不完整形式。相反,零位现象已构成语言规范,已经具有结构—语义的完整性,是完全句。

另外,在语言学著作中除了常见"零位动词""零位系词"外,还可见"零位主语""零位补语"的概念。但是否能用"零位主语"来描述不定人称句(如:В дверь стучат),以及用"零位谓语"来描述称名句(如:Ночь. Тишина.)还有待进一步商榷。

二、省略

"省略"(эллипсис)一词来源于希腊语"ellipsis",意指"遗漏"或"不足"。这一概念原本只用于修辞学,后来扩展到句法学,进而开始应用于语言的各个层面,用来描写音位学、词汇学及成语中的现象。受句子结构模式理论的影响,省略现象尤其在20世纪50—70年代引起各流派语言学家的研究兴趣。

省略在句法层面通常有广义和狭义之分,广义理解的省略句等同于不完全句[1],它包括上下文不完全句,如:Здесь тропы первый раз разделились: одна пошла вверх по реке, **другая — куда-то вправо**. (Арсеньев);情景不完全句,如:**Два до Пскова**.

---

[1] Михеев А.В. Лингвистический статус эллипсиса в тексте, АКД., М., 1982; Земская Е.А. Русская разговорная речь: лингвистический анализ и проблемы обучения, М., 1979; Аржанова И.А. Функционально-коммуникативные и лингвистические функции эллиптических конструкций в современной художественной литературе на английском языке, АКД., М.,1999.

（情节是在火车站售票处，这里明显是指 два билета）；本书所研究的无动词句，如：Вдруг смотрю, **Казбич** вздрогнул, переменился в лице — и **к окну**. (Лермонтов) Светлица тихая пуста. **Он в сад**...(Пушкин). 在上下文及情景不完全句中又分为主语、谓语、主要成分及次要成分的省略。目前更有代表性的是对省略广义的理解，即认为省略只是言语现象，是句子模式的具体词汇方式的体现。狭义理解的省略句专指 Отец в город 类无动词句，这类句子的特点是不依靠上下文及言语情景即可获得语义的完整性。学者们对于狭义理解的省略又持两种本质不同的观点。博若克、列卡恩特等学者认为省略句是完全句，是独立的句子结构—语义类型，是语言现象；而彼什科夫斯基、斯科沃罗德尼科夫等学者认为它是不完全句，它只是不完全句的一种特殊形式。

语言学家界定省略的标准也各不相同，分别以句子的意义层面、结构层面（句子的句法联系是否被破坏）、意义与句子结构相结合为界定标准。与界定省略现象密切相关的是区分语言—言语现象以及有关句子实质的问题。省略主要建立在词的词汇—语法的组合关系基础之上。

斯科沃罗德尼科夫[1]认为省略结构要有三个特征：1、有一位未实现的必需配价，并由宏观和微观上下文及语境来填充；2、实际的言语篇章中或者潜在的语言系统中有相对应的带有配价常规体现的规范结构；3、这种省略具有一定的修辞功能。

吕叔湘先生[2]对省略的定义为：1、如果一句话离开上下文或者说话的环境意思就不清楚，必须填补一定的词语意思才清楚；2、经过添补的话是实际上可以有的，并且添补的词语只有一种可能。在吕先生看来，省略是言语现象，而不是语言现象。

---

[1] Сковородников А.П. Экспрессивные синтаксические конструкции современного русского литературного языка, Томск, 1981, стр. 20.

[2] 转引自姜剑云主编：《言语学概要·说话的奥秘》，四川科学技术出版社，1990年，第162页，详见吕叔湘：《汉语语法分析问题》，商务印书馆，1979年，第68页。

对比上述对省略的不同理解，我们认为吕先生的定义更符合语言实际。本书也对省略现象采取广义的理解，只是与大多数俄罗斯学者不同的是，我们不把Отец в город类无动词句包括在其中，因为这类句子已经成为语言规范，已经成为语言中的一种结构—语义模型，是结构—语义完整的完全句。它的最大特点是在语法形式'相对'不完整的前提下表达完整的语义，并具有鲜明的表情功能。我们称之为无动词动态句，经常表达运动、言语活动等行为。用省略来描述这类句子是不太合适的。

这样，省略句等同于传统意义上的不完全句，即上下文及情景不完全句。如果说不完全句是从句法结构来着眼，省略句则常常从修辞功能方面来分析。

三、零位与省略的关系

关于零位和省略，一些语言学家认为没有必要区分，他们常用其中一个去定义另一个，但另一些语言学家则严格区分这两个概念，如斯科沃罗德尼科夫认为应该区分这两个术语，他指出，"零位与省略属于语言的不同层面，零位属于语言的第一系统，即词汇与语法意义及其表达手段的系统，省略属于第二类，即富有表现力的意义及其表达手段的系统。"[①]

从零位与省略现象和上下文及情景的关系来看，零位现象不是'缺少'与'不足'，它是语言现象，并不需要上下文及语境的支持来获得语法及语义意义；而省略则需要上下文和语境来补足它所缺少的成分，是言语现象，只有通过上下文及情景才能对其语义做充分的理解，从而达到交际目的。[②]

论及零位和省略现象产生的源泉，按照许多语言学家的意

---

① Сковородников А.П. О критерии эллиптичности в русском синтаксисе//ВЯ., 1973, № 3, стр. 118.
② 关于零位是语言现象，省略是言语现象的论述，请参见Ширяев Е.Н. Нулевые глаголы как члены парадигматических и синтагматических отношений, АКД., М., 1967, стр. 5–8.

见，它主要与句子成分在语义层面的多余性有关。去除多余成分，语言表达手段的节约化趋势已经成为在各个语言层面均可观察到的现象。这样既可以使句子具有非常鲜明的表现力，也可提高句子的信息量，即用最简洁的语言手段来表达丰富的内容。

综上所述，零位和省略现象具有本质的不同，不加区分地用其来描述无动词句是不合适的。我们可以用零位来描述Отец в городе及Отец в город这两类无动词句，但同时应看到这两类句子本质的不同。Отец в городе类句子可以称为无动词静态句，这类句子的形成主要是由于动词成分弱化的结果，它并不是典型的无动词句，只能是边缘无动词句。这种现象与在Отец — солдат句中系词"быть"语义逐渐弱化而形成现在时零位形式的现象相类似。而Отец в город类无动词动态句则是在长期的言语实践中由于动词的"缺少"而构成的语言模式。有关这两类句子的产生源泉，将在具体讨论无动词静态句和无动词动态句时做详细分析。

第四节　无动词句的界定及其范围

从20世纪60—70年代至今已有不少关于无动词句的论述，语言学家以不同的语言材料为基础对无动词句的某些类型做了较为详尽的描述。[①]除了无动词句这一术语，还可见非动词句（неглагольное предложение）、省略句（эллиптическое предложение）、带零位谓语的句子（предложение с нулевым

[①] 如 Г.А. Вейхман, О.М. Барсова 研究英语中的无动词句：Вейхман Г.А. О двусоставных безглагольных предложениях, ВЯ., 1967, №3; В.Г. Адмони, В.Д. Давкин 以德语为素材：Адмони В.Г. Безглагольные предложения в современном немецком языке, Сб.науч.тр. МГПИИЯ, М., 1975, вып.91; Е.Д. Андреева 则以法语为研究对象：Андреева Е.Д. Двусоставные безглагольные предложения в современном французском языке, АКД., М., 1964 等。

сказуемым）等等。那么，用这些术语所描写的是同一类句子吗？无动词句包括哪些类型？其区分性的结构—语义特征是什么？有关这些问题真可谓仁者见仁，智者见智。只举一些有关无动词句的定义及其包括的类型便可见一斑。

"无动词句是指句子成分中缺少动词的句子"[①]; "无动词句是指句中没有变位动词的句子"[②]; "无动词句是指在自己的成分中和在邻近的上下文中均没有相应的动词形式的句子"[③]; "无动词省略句是指这样一些句子，它们表达某种行为意义，其结构特点是缺少并不需要从上下文及语境获得词汇—语义填充的动词谓语"[④]。无动词句包括的范围更是五花八门，每位研究者都从自己的角度出发来确定它的范围。列卡恩特包括了以下类型的句子，如：Георгины в розе; Отечество в опасности; Отец дома; Сестра на работе; Я домой; Ни звука; В доме шум 等句式。别兹杰涅日内赫的无动词句包括以下四类句子，如 Небо в звездах; Отец в печали; Отец в городе; Сила в знании; 塔巴科娃（З.П. Табакова）包括五类句子，它们是：Ночь. Зима; Над лесом гроза; Снегу! Студентов; Он в Ленинграде; 福米内赫采用零位的术语来描写无动词句，他分析了四类句子，即带有表示存在、运动、言语及具体动作零位动词的句子；而希里亚耶夫则区分出带有言语类、运动类、表示打击类零位动词的句子；魏赫

[①] Лекант П.А. Продуктивные типы безглагольных односоставных и двусоставных предложений в современном русском языке, АКД., М.,1959, стр.3. 列卡恩特在《现代俄语简要手册》中又采用了省略句术语，它是指由动词结构派生来的无动词结构，是浓缩一定的词汇—语义组的结果，见 Краткий справочник по современному русскому языку, М., 1995, стр. 357.

[②] Кашина С.В. Предложения без финитной формы глагола в модально-прагматическом аспекте, АКД., Орел, 1998.

[③] Копотев М.В. Безглагольные предложения в истории русского языка, АКД., Спб.,1999, стр.1.

[④] Сковородников А.П. Безглагольные эллиптические предложения в современном русском языке, АКД., Красноярск, 1967, стр.3.

曼认为 Он хороший, В доме тишина 均为无动词句①；佐洛托娃在《俄语交际语法》的第三章第四节论述动词与非动词对行为报道的对应中讲了三种基本的非形义同质无动词结构（неизосемические безглагольные конструкции），即 У нас уборка; Под окном беготня детей 和 Молчание!②这些都是对无动词句做过专门研究的学者的分类，还有许多学者虽未做过专门研究，但也有自己的看法，如彼什科夫斯基认为无动词句包括 Сколько голов, столько умов 这类句子；卡茨内尔松则将 Тишина. Ветер 也称为无动词句；什维多娃认为 Зима; Нас трое; У него беда; Он учитель 均为无动词句，而在另一些学术论文中无动词句与静词句（именное предложение）则成了同义词。③

从上面简单的列举可以看出，"无动词句"这个术语就像一把大伞，下面涵盖了许多结构—语义不同的句子，这其中既有单部句，又有双部句；既有表示特征、状态的句子，又有表示行为的句子。事实上，上面列举的许多类型称为非动词句更为恰当。众所周知，对简单句可以按照不同的标准进行分类。由于动词在俄语中是一种特殊的词类，它本身通过词法形式就可以表示

---

① 关于无动词句的包括类型，请详见 Лекант П.А. Продуктивные типы безглагольных односоставных и двусоставных предложений в современном русском языке, АКД., М., 1959; Безденежных Е.Л. Двусоставные безглагольные предложения в современном русском языке, АКД., М.,1972; Табакова З.П. Структурно-семантические типы безглагольных предложений в современном русском языке, АДД., Алматы, 1994; Фоминых Б.И. Простое предложение с нулевыми формами глаголов в современном русском языке и его сопоставление с чешскими конструкциями, АКД., М.,1968; Ширяев Е.Н. Нулевые глаголы как члены парадигматических и синтагматических отношений, АКД., М.,1967; Вейхман Г.А. О двусоставных безглагольных предложениях//ВЯ.,1967, № 3.
② Золотова Г.А. Коммуникативная грамматика русского языка, М., 1998, стр. 171.
③ 参见 Пешковский А.М. Русский синтаксис в научном освещении, изд.7, М.,1956, стр. 253; Кацнельсон С.Д., К понятию типов валентности//ВЯ., 1987, №3, стр. 22; Шведова Н.Ю. Парадигматика простого предложения в современном русском языке//Сб. Русский язык. Грамматические исследования, М., 1967, стр. 21; Чой Ли Кюн Хи, Предложения с именным предикатом состояния и их коммуникативные функции в современном русском языке, АКД., М.,1997, стр. 1-2; Копотев М.В. Безглагольные предложения в истории русского языка, АКД., Спб.,1999, стр. 4-8.

时间、情态和人称范畴，又因其语义的丰富性而常常成为句中的结构、语义和交际中心。如果按照句中是否出现动词这一标准来划分简单句，那么就可以分为动词句和非动词句。这种分类被许多语言学家和众多教科书所采纳，只是他们往往不称其为非动词句，而是称其为静词句，佐洛托娃①区分出五类句子的基本模型，它们是：Сестра шьет; Сестре скучно; Сестра добрая; Сестре три; Сестра — врач. 如果第一类句子我们称之为动词句的话，其他四类则为非动词句。在各大教科书中论述谓语问题时也采用了动词性谓语和静词性谓语的说法。②

这样，非动词句实际上就是静词句，其结构中心由动词以外的其他词类来表达，它可以是单部句，如：Тишина. Ночь; 也可以是双部句，如：Отец — учитель; Погода хорошая; Мне скучно等等。如果说动词句常表示主体的积极的动态行为的话，非动词句常常是静态的，常表示主体的状态或特征，强调现象、状态等的存在。非动词句和动词句相对立，而本书所研究的无动词句则与动词句相对应，它是通过基础句中动词谓语的消失途径而派生，这类句中虽然没有动词的参与，但却能表达动词句所擅长表达的运动、言语等行为意义，并与相应的动词句形成结构—语义对应体。但无动词句并不是动词句中动词谓语的言语省略，它们实际上已形成了自己的结构—语义模型，已实现了从言语中省略到语言中消失的转变，已能脱离上下文或语境单独进行交际，是结构—语义上均完整的句型。这样，本书研究的双成素无动词句有以下几个特点：

1. 在结构层面，句中只有表示人或物的行为、状态或关系的

---

① Золотова Г.А. Коммуникативная грамматика русского языка, М.,1998, стр 105.
② 所谓静词性谓语是指由名词、形容词、数词、代词、副词等充当的谓语。关于动词性谓语和静词性谓语的划分，请参见Большой энциклопедический словарь. Языкознание, М., 1998, стр. 455; Бабайцева В.В. Современный русский язык. Синтаксис, Ростов-на-Дону, 1997, стр. 300;《俄语语法·句法》，北京大学出版社，1985年，第85页；黄颖：《新编俄语语法》，外语教学与研究出版社，2008年，第342页等。

名词类、副词类等成素,但却没有表示该行为、状态或关系的动词;

2. 在语义层面,这类句子是由表示人或物的名词(代词)构成的主体和表示行为、状态或关系的间接格名词(副词)等构成的述体组成,并通过逆向配价的作用预示典型动词的语义和功能;

3. 这类句子是结构—语义完整的句型,它们同样具有述谓性,具有不完全的聚合体形式。

无动词句的类型句为:Татьяна в лес, медведь за нею; Мы о деле; Отец в городе; Книга на столе等。从上面的分析来看,无动词句和非动词句有严格的区别。上文列举的被划分为无动词句的许多句型,如 Ни звука; Снегу! Студентов; Сила в знании等等划为非动词句更为合适。

鉴于对无动词句这样的理解,我们认为无动词句不包括以下句型:

1. 不包括存在句

我们不把 **На столе книга** 这类句子①纳入无动词句的研究范围。虽然从结构构成来看,这类句子和 **Книга на столе** 类无

---

① 语言学家曾以不同的术语为这类句子命名,如阿鲁丘诺娃、希里亚耶夫称之为"存在句"(экзистенциальное предложение);科科林娜(С.И. Кокорина)称之为"带有地点扩展成分的句子"(предложение с локальным распространителем);佐洛托娃、特鲁齐尼娜称之为"类型意义为'空间和对它是否拥有事物的评定'的句子"(предложение с типовым значением «пространство и его характеристика по наличию предметов»);列卡恩特称之为"没有主语的扩展存在句"(развернутое бытийное предложение без подлежащего)。

动词静态句只是词序的不同,①并且对这两类句子的研究尚没有一个定论。我们认为的确有必要区分这两类句子,它们不论从结构层面还是从语义层面而言都属于不同的类型。从结构来看,第一类句子实际上是三成素句子,即存在的事物 книга,表存在的实义动词(这里可以不出现,也可以出现 есть 形式)和存在的地点 на столе②,而 Книга на столе 类句子则是双成素句子,由主体和用来表明主体特点的地点述体构成。这两类句子结构的不同也可以通过否定形式来揭示。第一类句子的否定形式采用的是 нет,而第二类采用的则是否定语气词 не,如:Егорушка закрыл глаза, и ему тотчас же стало казаться, что он **не в номере, а на большой дороге около костра** (Чехов); Ему казалось странным, что он не на тюке, что кругом все сухо и на потолке **нет молний и грома** (Чехов);在语义层面,**На столе книга** 描写的是"地点主体和对它是否拥有事物的评定",而 **Книга на столе** 是表示"主体和它的地点方位"。综上所述,我们将在本书中不考虑 На столе книга 类存在句。

---

① 关于 Книга на столе 和 На столе книга 这两类句子的关系,大致有以下几种看法。巴巴依采娃、别洛沙普科娃、奇尔金娜等学者对这两类句子并不加以区分,希里亚耶夫和福米内赫把这两类句子作为无动词句来研究,认为词序只是与实义切分有关。福米内赫在自己的论文中采用转换分析的方法,由于 Дом на берегу 和 На берегу дом 有相同的否定形式(Дома нет на берегу; На берегу нет дома),所以他认为这两类句子在句法上是相同的。而列卡恩特、米申娜、什维多娃等学者则认为这两类句子的结构并不相同。На столе книга 类句子为单部句,Книга на столе 类句子为双部句。比如什维多娃指出词序对句子结构影响很大,当表示地点意义的名间接格形式位于句首时,则全句为带疏状语的称名句;但别兹杰涅日内赫和米申娜同时又强调,逻辑重音和具体的词汇填充也起着很大作用,上述两类句子在结构上也可能有变化。其他学者,如佐洛托娃、特鲁齐尼娜则从语义方面指出区别,佐洛托娃称第一类句子为空间句(пространство и его характеристика по наличию предметов),第二类句子则为地点存在句(субъект и его локализация);阿鲁丘诺娃也指出第一类为存在句,表明在某个范围内是否存在某事物,第二类则表示具体事物的地点位置。

② 参见 Вопросы коммуникативно-функционального описания синтаксического строя русского языка, М., 1989, стр. 19.

2. 不包括双成素特征句和状态句

在《70年语法》及《80年语法》①中,各类形式—语义不同的没有动词参与的双成素句被包括在结构模式 N1-Adv(N2...)中,如:Отец на работе; Друзья рядом 与 Скатерть — необычайной белизны; Небо — без единого облачка; Эта книга у меня — от автора 等构成同一种句型。但这样不加区分地把各种不同的句子加以一个称谓并不能帮助理解其实质,有必要对句子的语义及具体的词汇填充规则做具体分析,因为不认清语义,就不能确定形式特征。正如维诺格拉多夫②所讲:"同一种形式—语法结构可以用于表达不同内容的叙述。这样,用同一句法结构来表达不同的语义内容,手段是抽象化了的……应该成为专门的句法研究的对象。"别兹杰涅日内赫将 Небо в звездах; Невеста в фате; Отец в восторге; Я в печали 等都划入了无动词句的范围,列卡恩特也将 Георгины в розе, Отечество в опасности 划入了无动词句,③但实际上这类结构已被公认为是双成素的带有静词性合成谓语的句子。④在表达时间和情态时可以引入纯系词 быть,名词间接格形式作表语部

---

① Грамматика современного русского литературного языка, М., 1970, стр. 555; Русская грамматика, т.2, М., 1980, стр. 300.
② Грамматика русского языка, т.2, ч.1, М., 1954, стр. 89.
③ Безденежных Е.Л. Двусоставные безглагольные предложения в современном русском языке, АКД., М.,1972; Лекант П.А. Продуктивные типы безглагольных односоставных и двусоставных предложений в современном русском языке, АКД., М.,1959.
④ 这类句子作为完整的句型在涅霍罗申娜(А.В. Нехорошина)、罗斯洛维茨、斯皮瓦克娃(В.Д. Спивакова)的论文中都有论述:《54年语法》《70年语法》《80年语法》也认为是独立的句子结构。请参看:Нехорошина А.В. Двусоставные безглагольные предложения с бытийным значением в современном русском языке//Уч.зап. Вологодского пед.инта, т.22, 1958; Рословец Я.И. Предложно-падежные формы в предикативной функции в современном русском языке//Уч.зап. МГИП им.Ленина, т.148, Русский язык, М.,1960; Спивакова В.Д. Двусоставные предложения с родительным предложным в предикативной функции в современном русском языке, АКД, М., 1976; Грамматика русского языка, т.2, Синтаксис, ч.1, М., 1954; Грамматика современного русского литературного языка, М., 1970; Русская грамматика, т.2, М., 1980.

分，表示主体的特征或状态，如：Отец из крестьян; Мальчик без пальто; Он с усами; Она в тоске; Мать в беспокойстве; Мы в полном отчаянии等。在表示特征和状态时可以应用大量的前置词，其中в, на, из等也失去了最初的空间意义。这类句子的结构和语义特点都不引起争议，我们用"非动词句"术语来描写更为合适。

3. 另外，还有一类句型与本书研究的无动词动态句从结构—语义角度来看都非常相似，这类句子与不完全句和无动词动态句构成同型句 (омомодель)。如：1) — Ты кто будешь-то? — **Я из академии, доктор наук**. 2) — Откуда вы сейчас пришли? — **Я из академии**. 3) **Я только что из академии**. 在这三类句子中，第一类是对主体就职业、出生地等等作的限定，表达的是特征意义，而不是具体行为，这类句子实际上是非动词句，它回答的不是откуда он?的问题，而是кто он?的问题。佐洛托娃①曾对这类句子进行分析，认为这是对事物或者人称特征的叙述，特征可以理解为事物的来源，如：Мандалины — с Кавказа; 常常可以在句中找到其用形容词作限定的同等成分，如：Мама была отсюда, **из этого поселка**, выросла здесь, а папа **городской** (Распутин); — Вы **тутошние**? — спросил он Великанов. — не, **из Глинова**...Мы **глиновские**. У господ Платеров работаем (Чехов). 第二类是不完全句，上下文明显地确定答句中的语义；而第三类则是我们研究的无动词句，它并不需要上下文及语境的支持便可表达动作行为。因此，我们在分析无动词动态句时，还要将其与非动词地点限定句区分开来。具体上下文、转换法、补充词汇、尤其是表示时间的副词会帮助区分这几类同型句，如：在句子 Слово за слово выясняется, что они с дядей Федей **земляки**, оба

---

① Золотова Г.А. и др. Коммуникативная грамматика русского языка, М., 1998, стр. 108.

из-под Вологды (Панова)中上下文 земляки一词已经很好地暗示出，из-под Вологды 用作限定意义，而在 Знаю даже, что ты **только что** с собрания (Федин); Ты что, Ростов, **точно** из бани? (Толстой)句中，有 только что, точно 这些补充词汇的支持，则明显地看出是无动词句。

综上所述，本书研究的双成素无动词句主要包括两大类，即表示动作、行为意义的动态句和表示地点方位意义的静态句。前一类包括表示运动、言语、行为、具体动作等，如：**Татьяна в лес, медведь за нею**（运动类）、**Мы о деле**（言语类）等；后一类为地点方位类，如：**Отец в городе；Книга на столе**。希里亚耶夫、福米内赫、哈布尔加耶夫等学者对这两类句子并不进行细分，但我们认为，这两类句子在结构和语义层面均有不同，在述谓性表达和聚合体形式上也都有自己的特点，因此将其进行分类研究更合适。当然，本书对无动词句只是在语义上进行粗略划分。①动态反映的是行为，静态反映的是关系，表示事物之间的一种空间定位关系。

---

① 在当今语言学界很多语言学家，如布雷金娜（Т.В. Булыгина）、阿普列相（Ю. Д. Апресян）等在从事着语义述谓（семантические предикаты）的分类研究。

第四章
双成素无动词动态句

　　无动词动态句在俄罗斯语言学界一直是引起争议的问题之一。自20世纪50年代以来,语言学家发表了大量讨论其结构和语义特点的论文。综合这些成果,大致有以下两种意见:一是已经不再把这类句子看作传统上理解的"不完全句",而是用"省略""零位"等术语来描写其结构特点,其语义的完整性几乎得到了所有语言学家的认同,并且都承认在这些句中试图填上"缺少"的动词是不必要的,甚至是不可能的。[1]这其中很有代表性的意见是认为无动词句中的述体作用由谓语组合的次要成分来充当,这些次要成分混合性地兼容谓语的功能。[2]另一些学者则视这类句子不但语义完整,结构也同样完整。比如,列卡恩特[3]在以 **Солдаты к окнам** 为例的动态句中划分出主语 солдаты 和

---

[1] 需要指出的是,也有学者对这类句子语义的完整性提出质疑,如:Адриан.Э, Влияние системы языка и конструкции на высказывания без глагольного предиката//Новое в зарубежной лингвистике, вып.15, М., 1985; Щаднева В.П. Самостоятельны ли безглагольные предложения?//Уч.зап.Тарт.ун-та.,вып.896, Тарту, 1990; Щаднева В.П. Текстовый анализ безглагольных эллиптических предложений//Аспекты изучения в целях преподавания русского языка как иностранного, М., 1996.

[2] Любомищенко Т.М. Предикативность и модальность неполных предложений в современном русском языке, АКД., Таганрог, 1997; Бабайцева В.В. Современный русский язык. Синтаксис, Ростов-на-Дону, 1997.

[3] Лекант П.А. Безглагольные двусоставные предложения в современном русском языке//Уч. зап. Бийского государственного педагогического института, вып.2., 1958, стр. 274–275.

谓语к окнам，同时他也指出在名词间接格к окнам这一形式中含有状语意义的印记。而佐洛托娃采用"句法素"这一术语取代了传统语法的句子成分理论。在她看来，无动词动态句中的名词间接格形式в лес，к окну尽管经常与动词连用，但是它们作为自由句素和限制性句素并没有失去自己潜在的独立性，完全可以独立使用。①这些名词间接格形式已经可以表示方向的概括范畴意义，可以充当述体。佐洛托娃②认为"这类句子代表着俄语句法学中特殊的无动词模型，表达主体与它的行为意义，并且此行为具有开始性及表情性。"

综合上面的分析可以看出，两派观点争论的焦点就是如何看待句中的名词间接格形式在句子结构中的作用，是述体还是传统意义上的状语？如果是述体，其述谓性如何表达，无动词句与相应的动词句又是怎样的关系？持第一种观点的学者正是认为在无动词动态句中缺少动词，缺少时间、情态意义的表达手段而认为其结构不完整。斯科沃罗德尼科夫③认为在无动词句中名词间接格形式不能充当述体，他有以下理由：1、该形式在逻辑上常常是被划分出来的，不能直接地以词汇方式表达述体特征，即行为意义，也不能限定事物，不表示它的属性和品质；2、该形式还保持着其在动词句中的属性，表示方向、客体、目的、行为方式等意义。省略句中的句子成分并没有发展新的语法意义；3、没有沙赫马托夫所提出，并获得大多数语言学家认同的限定关系与述谓关系的可逆性；4、该形式不能与抽象系词быть连用；5、该形式不能用名词或动词的其他形式替换。"这类句子在意义

---

① 详见Г.А. Золотова и др., Коммуникативная грамматика русского языка, М., 1998, стр.212, 213. Золотова的"句法素"术语后来被许多学者接受，Божок, Табакова等学者也采用这一术语来描写无动词句，详见Божок И.А. Эллиптические предложения в современном русском языке, М., АКД., 1989; Табакова З.П. Структурно-семантические типы безглагольных предложений в современном русском языке, Алматы, АДД., 1994.
② Золотова Г.А. Коммуникативные аспекты русского синтаксиса, М., 1982, стр. 200.
③ Сковородников А.П. Безглагольные эллиптические предложения в современном русском языке, АКД., Красноярск, 1967, стр. 27-28.

层面是完全和自足的,但在形式语法层面则是不完全的……在解决这类句中的副词和名词间接格形式的句子成分问题时,需要按照平行的动词句中相对应的形式来对其进行界定。"①那么,在无动词句中名词间接格形式是否可以充当述体呢?无动词句又是如何产生的呢?

第一节 无动词动态句的产生

一、名词间接格形式充当述体

众所周知,对句子可以从形态、语义和交际角度进行描写。从语义的角度对句子的信息内容进行的概括就是句子的语义组织,其主要结构成素是主体和述体。由于主体和述体是从语义上的概括,因此它们在形态上没有一定的客观标志,特别是对述体的词类性质也没有特殊要求。语义结构中的述体与形态结构中的谓语是两种不同结构的成素,它们分属于不同的体系。但是,它们之间也有一定的联系,就是形态结构的谓语总是包含在语义结构的述体之中。这就是说,述体的界限比谓语要宽。有关名词间接格形式是否可以充当述体—谓语的问题,俄罗斯著名学者阿基莫娃②做过专门的分析。她写道:双部句的历史发展证明着在现代应用越来越多的无动词句中谓语的功能已由带前置词的名词间接格形式来完成。阿基莫娃对句子的主要成分进行了历时分析,她指出现在越来越多地应用主要成分不一致的句子。她认为名词间接格形式充当述体是第二位的,这是以前在句中占据次要成分位置的词组的分裂。但句子这种依附成分过渡到述体位置是由该成分的意义来决定,并且与过渡的先后性有关。她认为,最"古老"的名词间接格谓语是那些与限定词

---

① Сковородников А.П. Об эллиптических предложениях в современном русском языке// Материалы и исследования по современному русскому языку и его истории, Красноярск, 1967, стр. 49.

② Акимова Г.Н. Новое в синтаксисе современного русского языка, М.,1990, стр. 65.

组相对应的形式，这早在彼什科夫斯基、沙赫马托夫的学说中就有了说明，也就是传统上的非一致定语可以充当合成谓语的静词性部分，如：Я посмотрела — две толпы，евреи **в пальто**，**шапках**，женщины **в теплых платках**…(Гроссман) 等等。谓语与非一致定语相对应的句子一般表示一种普遍的确定：内部的品质鉴定、出生和外部特征等。在现代俄语中静词性谓语有多样而繁杂的模式。这是因为限定关系很容易过渡为述体关系。沙赫马托夫就曾指出：动词以外的其他词类（形容词、名词、形动词等）之所以可以获得述体意义，是因为它们具有限定特征，而任何限定关系都可以转化为述谓关系。①

再接下来是表示状态意义的静词性谓语，即句中谓语由表示状态意义的名词间接格形式或副词来充当，如：Он был **в горе, в досаде**, роптал на весь свет, сердился на несправедливость судьбы…(Гоголь) 等。表示状态意义的谓语来源于在前置词+名词间接格形式中前置词意义的改变，该前置词常与抽象名词连用并且不再表示具体的空间意义。表示状态意义的静词性谓语(尤其以前置词+抽象名词最为典型)在很久远的编年史中就得到应用，语言学家认为这类句子的出现与口语对书面语的影响密切相关。

向述体位置过渡得最困难的是那些与动词词组相对应的词形，在这一组中最早用于谓语功能的是表示状语意义的词形，并且首先是对事物进行空间界定的词形，如Отец на работе. 阿基莫娃指出，这种地点结构有时也与时间过程意义相融合，如Так он теперь, поди, на своих концертах. 对于这类名词间接格形式的句法功能一直存有争议，沙赫马托夫、彼什科夫斯基等认为这些形式为状语，句中省略了由动词表达的谓语。这类无动词句(即无动词静态句)由来已久，沙赫马托夫在古俄语文献中就

---

① 参见Шахматов А.А. Синтаксис русского языка, М., 1941, стр. 179.

发现过。其形成与口语的影响相关,也与动词быть的变化相连,即无动词句随着есть-суть的消失而得到确定。正因为这类结构应用的广泛性及久远性,使另一些语言学家产生了新思路,即承认含有空间语义的名词间接格形式已具备述体意义。正如佐洛托娃①指出:"表示地点、时间、原因等意义的结构—意义成分不是扩展述体中心,而是组成它,与第一个成素一起构成一个述体最小单位,缺少它便不能构成句子。"至于副词,彼什科夫斯基认为副词不能充当谓语,"状语意义的副词,因为它们正是保留了自己的意义,而不是表示'特征'"。②

认为句子的谓语可以表示状语意义的观点在语义句法学中获得发展。斯捷潘诺夫(Ю.С. Степанов)在分析了亚里士多德的十个范畴(实质、数量、质量等)基础上把它们与述体类型联系起来:"语言学家很早就指出,亚里士多德的范畴与语言密切相关。对其进行细节分析表明,在亚里士多德的范畴概念中包含了谓语在古希腊语的简单句中可见的所有形式。"③斯捷潘诺夫把亚里士多德的概念与《70年语法》中所列出的简单句结构模式相对比并得出结论,那就是对于每一种范畴而言存在一个以上的结构模式,而大多数结构模式在英语、法语中都有非常准确或者极为近似的对应体。具体论及无动词句,那就是与时间、地点范畴相对应。在斯捷潘诺夫看来,无动词静态地点句中缺少动词已成为规范现象。

也正是在此基础上,用于述体位置、表示地点意义的词形也扩展了意义色彩,比如在空间意义的词形中出现了表示方向意义的结构:А вы в Волгоград? 这也就是无动词动态运动句。

按时间顺序最晚获得述体意义的是含有客体意义的词形,它不如前几类有广泛性,但正是它代表着新的句法发展趋势。

---

① Золотова Г.А. О структуре простого предложения в русском языке//ВЯ.,1967, №6, стр. 93.
② Пешковский А.М. Русский синтаксис в научном освещении, изд.7, М.,1956, стр.248.
③ Степанов Ю.С. Имена.Предикаты.Предложения, М.,1981., стр.121.

在简单句中补语问题比状语问题解决起来要困难得多,传统上这一成分是根据名词间接格形式所回答的问题而确定的。带有客体意义的间接格形式之所以最晚获得述体意义是因为它与动词紧密相连,并且在句子的语义组织里起着特殊作用。纯补语意义比限定意义,甚至状语意义都远离述体语义。因此,具有最强的补语意义的词形是不能进入述体位置的。在这之中出现最早的是带有用途和受话人意义的结构,如:Обувь — для ярмарок в Челябинске и Москве; Знамя — противолодочникам. 这些结构的主语经常由具体名词充当,表示客体意义的名词间接格形式用于述体意义首先与新闻语体相连并且带有书面语色彩,但这种扩展与大量应用静词类的无动词句的趋势有关。

阿基莫娃关于述体表达手段不断扩展的观点得到了不少学者的支持。科博捷夫(М.В. Копотев)[1]曾从历史发展的角度研究无动词句,他在研究14至17世纪的古文献基础上得出结论,与动词句相比,无动词句的应用比例明显增大。他也大胆地推测,最"古老"的无动词句表示限定意义(实际上的非动词句),它们的产生是由于在静词性合成谓语的构成中系词消失的结果。这类句式在古俄语文献中就得到广泛应用。而后是与系词形式相符的实义动词"быть"的消失,地点方位意义和存在意义由一系列静词类结构表达。再后来消失的是其他表示实义行为的动词,尤其以运动动词居多,名词间接格形式又承担起表达各种行为意义的功能。在他研究的14至17世纪的文献中共发现146个无动词句,其中无动词动态句在14至16世纪就已经使用,并且17世纪无动词句的数量就比15世纪多了两倍。这从另一个侧面验证了阿基莫娃的理论。涅霍罗申娜[2]也指出,在19世纪末就有语言学家,如德米特列夫斯基(А. Дмитревский)、米洛维

---

[1] Копотев М.В. Безглагольные предложения в истории русского языка, АКД., Спб.,1999.

[2] Нехорошина А.В. Двусоставные безглагольные предложения с бытийным значением в современном русском языке //Уч.зап.Вологодского пед.инта.,т.22.1958, стр. 446.

多夫(Г. Миловидов)等指出,静词性谓语的范围是相当广泛的。那时就认为Домой! Прочь! — Где же он? — Он там.这类句子并不暗含着任何动词,而是句中次要成分"吞噬"了谓语的意义,并且次要成分的特征是纯表面性的。在古俄语文献中和在谚语中就常见这样的结构：Откуда ведро, оттуда и дождь; Кто в лес, кто по дрова; Куда конь с копытом, туда и рак с клешней等。涅霍罗申娜在分析了名词间接格形式的功能之后得出结论,表示状语和客体意义的词也可以充当述体,并不是如德米特列夫斯基所讲是副词和名词间接格形式"吞噬"了动词的语义,而是在现代俄语中存在着多种多样的谓语的词法表达形式。

名词间接格形式可以表达非常广泛且极为丰富的语法关系,从而产生了多样的句法联系和句法功能。这样看来,名词间接格形式用作述体也只是其意义及句法功能的一种表现情况。正如罗斯洛维茨所言,"词形的功能是可以转换的,同一种形式依据其与其他词的不同关系,在不改变本身意义的前提下可以在句中履行不同的功能。"[1]

毋庸置疑,名词间接格形式可以在句中填充各种句法位置,其用于述体这一意义的产生和发展过程是漫长且不间断的。用于述体作用的词的范围不断扩大就是这一过程的最好证明。在很多情况下这种过程已经完全完成,但也有正处于过渡阶段的情况。因此,如果说具有特征意义和状态意义的名词间接格形式用作述体—谓语是已经处于完成阶段并得到学者们认可的话,那么,无动词句中表示地点意义以及方向等意义的名词间接格形式用于述体—谓语可以说是正处于被认可的过程中。

---

[1] Рословец Я.И. Предложно-падежные формы в предикативной функции в современном русском языке //Уч.зап.МГПИ им.Ленина, русский язык, т.148, М.,1960, стр. 198.

二、俄语简单句句型的演变

在语言学的研究史上许多语言学家都试图在纷繁多样的句子中找到一种共性,对这种共性的寻找可以归纳为两种途径:一种是找出所有句子的抽象普遍特征,也就是找到在每类句子中都表现出来的特性,而所有这些特征的总汇形成句子内部的属性和实质。这就是现在被普遍接受的句子的述谓性。二是找到一种具体的普遍基础句型,在其基础上派生和形成其他类型句。尤尔琴科[1]寻找的便是第二种途径,他试图探讨句子的内部构造(句子结构)和语言中存在的简单句类型(句法体系)之间的相互关系。

他[2]指出,俄语简单句有六种最重要的类型:双部动词句(Рабочий строит дом хорошо)、双部静词句(Ночь темна)、单部(无人称)动词句(Светает рано)、单部(无人称)静词句(На улице хорошо)、称名句(Зима)和情态句(Да, нет, возможно)。这些句子可以分成两类:前一种句子是一类,后五种是一类;前者为基础句型,后者由前者派生,从属于前者,是派生句型。

双部动词句是俄语中的基础句型。它在俄语句法中有两个重要的派生过程,即从基础句中逐渐消失语法主体和动词述体。语法主体弱化的结果导致了双部动词句变成了单部(无人称)动词句。动词述体弱化的结果是双部动词句变成了双部静词句。本书所研究的无动词句可以说是动词弱化和消失引发的"副产品"。因此,可以这样讲,无动词句就是从双部动词句演变而来的。

在俄语的基础句型双部动词句中动词后成分具有双重性。

---

[1] Юрченко В.С. Очерк по философии грамматики, Саратов, 1995, стр.3-14.
[2] Юрченко В.С. Структура предложения и система синтаксиса//ВЯ., 1979, №4, стр. 77-89; 此文的汉语译文参见《苏联当代俄语句法论文选》,上海外语教育出版社,1983年,第108-125页。

一方面，补语表示动作所及的客体，说明动词所表示的行为对象，状语则说明行为或状态的特征，它们和句中动词谓语的联系是直接和明显的；另一方面，补语和状语又通过动词谓语与主语发生间接联系，也就是间接说明主语的特征。但当句中的动词谓语发生弱化时，动词后的成分（补语和状语）的功能和特点也随之发生变化。通常句中动词的弱化程度越高，补语和状语的隐蔽程度就越低，其承载的述谓性特征就越明显。毋庸置疑，动词后成分中状语和补语所具有的述谓性特征的隐蔽程度不同。一般而言，前者的隐蔽程度较低，具有较高的述谓性特征。[1]这样，随着动词逐渐消失，双部动词句发展为无动词句，具有方向、起点、途径等意义的名词间接格形式或副词比表示言语内容、给予或打、揍等意义的名词间接格形式较早获得述体功能。这也与阿基莫娃关于述体形成先后的观点相一致。

鉴于此，我们认为在无动词句中表示方向、言语内容等的名词间接格形式已经具备了充当述体的条件，在这些句中已不是动词句成分的省略，而是已经形成结构完整的句子，在语义方面由于逆向配价的作用也实现了语义的完整性，因此，认为无动词句是完全句的观点才更符合语言实际。

三、无动词动态句与动词句的关系

要解决无动词句中名词间接格形式的作用问题，还要分析一下无动词动态句与相应的动词句的关系。我们知道，现实中的每一个情景和事实都能通过两种语言手段来表达，一种是每一个信息都获得字面上的表现形式，可以称之为直接表达手段，另一种是间接表达方式，即某种意义并不具有语言表达手段。从这个角度看，动词句就属于直接的表达方式，句子内容和形式达到了和谐的统一，而无动词句属于间接的方式，句子的内容层

---

[1] 参见吴贻翼："再谈现代俄语中的无动词句"，《中国俄语教学》，2000年第2期，第4页。

和表现层处于不统一状态,但正是这种间接性使无动词句具有鲜明的表情特色,既简洁又生动,在文学作品中广泛使用。

动词句是现代俄语中最典型的一种句型,它在科学院语法以及大、中、小学教科书中都有详尽的论述。①语言学家对无动词句与动词句的对应关系持不同的观点。斯科沃罗德尼科夫②认为无动词句是动词句的副产品,它们在结构—语义方面总是与某类动词句相对应,并且无动词句中省略的动词可以作为动词词组的成素而得到恢复;无动词句是第二类的模型,其基础是动词完全句。关于无动词句与动词句的相对应性和平行性,他指出:1、无动词句可以有副动词短语或者是独立的副动词,如:Не помня себя, Прохор стремглав — во двор (Шишков); 2、动词结构和无动词句以确认关系相连,如:В монастырь...Если бы можно было — в монастырь. Я бы отправил вас в монастырь (Бондарев); 3、动词句和无动词句可以构成复合句或者是超句子统一体,如:Павел подбежал к его избе. Так и есть — замок. Он к соседям, он в сарай, он в баню (Шишков)。

斯科沃罗德尼科夫还指出:省略句和对应的动词句具有共同的句法意义和近似的信息内容,但区别在于表达语法意义的手段及其确定性的程度不同,由这些句子表达的动词语义的概括程度不同,修辞属性也不同。他认为这种对应性又进一步证明了应把无动词句划为动词句,而不是静词句。无动词句是按照缩减的动词模式组成的,而动词句则构成其句法和语义的背景,从而保证无动词句能够表达一定的动词语义并具有情态、人称、时间等语法范畴。从这种意义上讲,在无动词句中蕴涵着动

---

① 详见三部科学院语法及 Современный русский язык, Теоретический курс: Синтаксис Пунктуация, М., 1997; Современный русский язык. Синтаксис, Ростов-на-Дону, 1997; Современный русский литературный язык, М., 1999; Современный русский язык под редакцией В.А. Белошапковой, М., 1989.

② Сковородников А.П. Безглагольные эллиптические предложения в современном русском языке, АКД., Красноярск, 1967, стр. 25-27.

词。正因为此,斯科沃罗德尼科夫认为这些句中的名词间接格形式依旧保留着其在相应动词句中的句法功能。

几乎所有的学者都不否认无动词句与动词句存在着结构—语义上的对应性,但是否就此可以肯定无动词句是动词句的省略,其中的名词间接格形式履行的是状语功能,另一些学者则采取相反的观点。佐洛托娃①认为在 Казбич — к окну; Татьяна в лес, медведь за нею 这类无动词句中的名词间接格形式 **к окну, в лес** 并不预示着动词的出现。这些形式在她看来是表示方向的概括—范畴意义的自由句素,它们完全可以充当句中的述体成素。这类自由句法素虽然常与运动动词连用,但这并不意味着此种形式是由动词的支配关系所决定,而只是说明运动意义和方向意义在语义上的相互近似性。正因为此种形式不依附于动词,才使句子在没有动词的情况下保持结构—语义的完整性。②

与无动词动态句相对应的动词句均由三个成素构成,即传统意义上的主语、由变位动词表达的谓语和状语或补语,我们在这里称为主体、述体和表达状语意义或客体意义的名词间接格形式,更确切地讲,实际上是由两个成素,由主体和述体群组成。这类句子中的名词间接格形式(更广意义上的次要成分)很早就引起了语法学家的注意,并且引起了很大争议。有些学者建议取代"地点状语"的概念而使用其他术语,比如用"конъект"

---

① Золотова Г.А. и др. Коммуникативная грамматика русского языка, М., стр. 181, 212-213.
② 也有学者采取折中的观点,认为名词间接格形式兼有述体与状语、客体功能。比如,列卡恩特在"эллиптические предложения"一文中指出,名词间接格形式只是部分地履行谓语功能,包含着对行为事实的最宽泛的指示,但完全保持着自己的客体和状语意义,并且也不表达情态及时间等语法意义。他在另一篇文章"Эллипсис как проблема синтаксиса и фразеологии"中又指出,动态句不是某类具体的动词句的方式,它是与一系列的句子相对应的,并且这种对应性没有具体的词汇或语法的标识。他认为,动词句的总体构成对应的省略句的独特背景。正是这种相对应性保证了省略句特有的丰富的语义内容和表情性。

来表示与谓语如此特殊又紧密相连的句子成分。①马利亚罗夫②又指出：从功能角度（实义切分）看，新的、重要的信息总是放在句末，虽然词序并不是确定这种功能前景的唯一手段，但却是重要手段之一。这样，表示地点意义的状语在与动词连用时，总是位于句末，它成为句子信息的主要携带者。并且状语的出现并不全是功能前景的要求，也是句子语法结构的要求，即句中动词要求必需的语义填充才能达到语法结构的完整。因此，作者得出结论：运动动词及空间动词的交际重要性会因从信息角度讲更为重要的成分，也就是句子的特殊成分——конъект而降低。博若克③也支持这种观点，她在分析具体例子 Она **бегала по веткам туда-сюда** и боялась спрыгнуть на землю 和 Она — **по веткам туда — сюда** и боялась спрыгнуть на землю （Иванченко）后讲到，在第一句中虽然存在动词，但就表达的意义而言，它并不提供比第二句多的信息。动词只是作为建构成素出现，其主要任务在于表达语法意义，没有它，丝毫不影响空间—运动意义的表达。同时，博若克也指出，之所以能够形成这种对应关系是因为在动词句中发生了词义的"语义弱化（десемантизация）"，从而使动词在句中成为多余成分。她还指出产生动词意义多余性的原因还可以解释为在句中存在重复部分动词意义的语义成素，这在动词前缀和前置词层面得到明显

---

① конъект作为特殊的句子成分首次由亚历山德罗夫（Н.М. Александров）在其文章"Проблема второстепенных членов предложений в русском языке//Уч.зап.ЛГПИ.им.Герцена, т.236, стр.327-329"提出的。马利亚罗夫对亚历山德罗夫的定义作了修改，认为它是句子的与由某些固定语义的动词表达的谓语紧密相连的特殊成分，见：Маляров В.Г., О коммуникативной значимости глаголов движения и пространственного положения и реализации их направленности на уровне функциональной перспективы предложений// Синтаксис простого предложения, Л.,1972, стр. 82.

② Маляров В.Г. О коммуникативной значимости глаголов движения и пространственного положения и реализации их направленности на уровне функциональной перспективы предложений//Синтаксис простого предложения, Л.,1972, стр. 76–77.

③ Божок И.А. Эллиптические предложения в современном русском языке, КД, М.,1989, стр.110.

的印证,如:<u>выйти из комнаты, дойти до вершины холма</u>. 动词句与无动词句的区别在于表达语法意义的手段及其确定性不同,表达的动词语义的概括程度不同,修辞属性也不同。加克①也提及到动词语义多余性问题,即如果在客体和运动行为之间存在语义一致性的话,动词就其语义而言是多余的,它只是在表达述谓性的时间和情态范畴时才是必需成素,而在其他情况(尤其是现在时情况)下,它可以省略,而运动性质并不引起歧义,也不需要确认,如:Я за свечку, свечка — в печку. 他也指出另一大类表示运动的动词是带前缀的动词,这时前缀经常和前置词发生语义重复,如:<u>войти в дом, выйти из дома</u>,在此情况下的空间关系具有动词前缀和前置词双重表达手段。俄语中的带前缀动词通常表达两个意义,前缀表达运动方向及一个物体相对于另一个物体的个别(частная)位置,那么,动词中心则表示位移方式或者是物体的本身(собственная)位置,如:Человек <u>перешёл через</u> улицу, 实际上前缀пере重复了前置词через的语义。拉杰维奇—温尼茨基(Я.К. Радевич-Винницкий)也讲道:由强配价的动词和表示方位的模式组成的组合中,"方位""运动""接近""远离"等基本类型意义得到双重表达——通过动词及其附属单位。这种"繁冗"的表达方式为无动词句的产生创造了条件。②

在言语动词中也可以发现类似的情况。虽然在语言学中对动词词义的划分没有一个统一的标准,但言语动词总是作为单独的一类动词划分出来,只是应用的术语不同而已,如:глаголы речи, глаголы говорения等。言语动词因其语义上的不完整而要求客体必须填充自己的语义,也就是客体成为其配价要求的必需内容。通常,"言语动词所表示的现实中的过程与

---

① Теория функциональной грамматики. Локативность. Бытийность. Посессивность. Обусловленность. Спб.,1996, стр.15.
② 参见Радевич-Винницкий Я.К. Модели категории локальности, АКД., Черновцы, 1974.

两类客体(内部与外部)发生关系。内部客体表示的是表述的内容,即言语行为所针对的人或物。外部客体是指共同进行言语行为的人。不指明内部或外部客体,言语动词的意义便不能全部被表达出来。因此,客体对于言语动词而言是必须完成的配价和搭配"。①换言之,这个内部客体(表述的内容)和外部客体(参与表述行为的人)便是言语动词所要求的右翼和左翼配价,它们对于句子结构而言同样重要。

阿德莫尼②引入了扩展谓语的概念,亚历山德罗夫也认为,应该不仅仅是谈扩展的谓语,而是应该广义地理解谓语,即动词和补充的必需词汇(必需的客体或者状语конъект)一起充当谓语,而动词只是谓语的一个成素。③这也就是前文所提到的与无动词句相对应的动词句实际上是由主体+述体群组成。这样,一方面,名词间接格形式成为结构—语义上的必需成素,另一方面,动词句中的动词在语义表达上又存在着语义多余性。这两方面的综合作用便促使了无动词句的产生,促使名词间接格形式在无动词句中开始履行述体的功能。亚历山德罗夫之所以提出广义地理解谓语,还因为句中动词的变位形式的形式作用或多或少地使其分为形式上的动词成素和意义上的名词性成分。这种现象在各种语言中变得越来越普遍。

不可否认,无动词句与动词句之间存在着结构—语义上的相对应性,但谈及对应性不是试图找出无动词句所"缺少"的成分,而是通过这种对比分析才能使无动词句擅长表达快速、紧张的行为的特色表现得淋漓尽致。

综合上面的分析可以得出这样的结论:从起源上看,无动词句是从动词句演变而来的,之所以发生这样的变化,一方面是由

---

① Бахтина В.П. Некоторые особенности глаголов речи в русском языке //Уч.зап.Башкирского гос.унта, т.18, 1964, стр. 46.

② Адмони В.Г. Введение в синтаксис современного немецкого языка, Л.1955, стр. 55.

③ Александров Н.М. О предикативном отношении//Теоретические проблемы синтаксиса современных индоевропейских языков, Л.,1975, стр. 138–139.

于动词本身的重要性的弱化,另一方面是因为在动词句中与动词构成述体群的名词间接格形式已经可以承担起述体的功能,它们在语义及交际层面又是主要信息的携带者,从而形成了如此结构简洁、语义丰富的表达手段。至于斯科沃罗德尼科夫所讲的无动词句可以有动词同等成分,可以有副动词形式来确定其句子成分以及动词句和无动词句可以构成复合句或者是超句子统一体,这并不妨碍无动词句结构—语义的完整性,反而说明无动词句已经与其他独立的句型一样参与篇章的构建,已经履行其独特的交际功能了。

第二节 无动词动态句的语义分类及其结构成素分析

波波娃、加尔金娜—费多鲁克等研究无动词句的学者曾以句中缺少动词的词汇意义为基础,即以语义原则为准区分出两类无动词句:缺少运动动词的句子和缺少言语动词的句子;图拉索娃又补充了两类,即表示针对某人或某事的动作句和表示关系的句子。列卡恩特则区分出四类无动词句,即运动类、言语类、表示打、揍等具体动作类的句子和表示抓等意义的句子。这样看来,列卡恩特基本上重复了图拉索娃的分类。斯科沃罗德尼科夫则以构成无动词句基础的动词词组语义原则细分出33类无动词句。但他们实际上是用不完全句的观点来研究无动词句,有些句子尚未构成模型。句子的语义是众多语言学论著的基础,在分析无动词动态句的意义结构时,我们将采用类型意义(типовое значение)这一术语,它已经在很多论著中得以使用,尤其被佐洛托娃推广并定义为:"某个类型句子的语义—句法结构被核心成素的形式—内容的组成而制约。"[①]本书采用"类型意

[①] Золотова Г.А. К построению функционального синтаксиса русского языка//Проблемы функциональной грамматики, М.,1985, стр.92.

义"这一术语为无动词动态句做一大致分类,即运动类、言语类、具体动作类和给予类。这种分类与前面提到的分类有些相似,但以前的学者多是按照句中可能出现的动词来进行分类,而我们则按照整个句子所表达的类型意义来进行分类。

这样,双成素无动词动态句最少包括两个成素:即主体和名词间接格形式(副词)表示的各种"行为"意义的述体。这两个成素对于形成其结构—语义来讲同样重要。此类句子的模型为:N1(Pron)[С одуш.]+Adv (N2...)[П действие]和N3(Pron)[С одуш.]+Adv (N2...)[П действие]。没有方括号的拉丁字母表示形态结构,即名词(或代词)第一格(或三格)+副词或名词间接格形式;有方括号的斯拉夫字母表示语义结构,即动物主体+行为述体。这里需要强调的是,对于双成素无动词句而言,重要的是句子的语义组织,因而对其主体和述体并没有特殊的形态要求,主体通常由名词或代词第一格形式充当,但也有使用第三格形式的情况。述体则是由多种多样的名词间接格形式(副词)来表达。下面将对各类无动词动态句进行具体的结构—语义分析。

一、无动词动态运动句

在这类句子中运动的主体(人或物)是必需成素,如果句中出现的是静止的对象,那么该句就不是无动词动态句,而是用于表示存在能力,事物方位的方向性意义,如:До чего жалко, дом замечательный, **окна на юго-запад** (Гроссман). 主体可以由名词或代词第一格形式来表示,多种多样的运动意义则借助于大量的前置词来表达。具体表达方式如下:

一)名词或代词第一格形式+前置词к +表示各种地点意义的名词第三格,如:

1) Стали они болтать о том, о сем: вдруг, смотрю, **Казбич** вздрогнул, переменился в лице — и **к окну**. (Лермонтов)

2) **Я — к лодкам**, уговорю ждать до утра. (Рекемчук)

3) ...**Мишка** раз в кабину и на тракторе **к Дашкиной избе.** (Белов)

4) Услышав крики тонущего, **я** быстро **к берегу**, на помощь. (Некрасов)

二）名词或代词第一格形式+前置词к+表示人的名词第三格形式，如：

1) А на службе ему сюрприз: жалованье скостили — вместо 650 рублей только 500 оставили. Профессор туда-сюда — ничего не помогает. **Профессор к директору**, а директор его в шею. **Профессор к бухгалтеру**, а бухгалтер говорит: Обратитесь к директору. Профессор сел на поезд и поехал в Москву. (Даниил Харис)

2) Павел подбежал к его избе. Так и есть — замок. **Он к соседям**, он в сарай, он в баню. (Шишков)

3) ...Вот что, Иван Арнольдович, **вы** все же следите внимательно: как только подходящая смерть, тотчас со стола — в питательную жидкость и **ко мне**! (Булгаков)

4) Капитан-исправник давал такой оборот ответу: — а вот **я** завтра же **к нему** за недоимкой! (Гоголь)

5) — Теперь **я** уж не знаю...— медленно цедил я, потирая лоб. — Чувствую себя хреновато...Заехал домой после больницы, забрал ее и сразу **к вам**...(Солнцев)

6) А зимой видит вдруг Иван Митрофанович — Васька Калашников в новеньких валенках — самокатках щеголяет. И шерсть на них точь в точь с его Сидора: беленькая, тонкорунная, с подпалинками на боках. **Иван Митрофанович к Васькиной матери:** мол, так и так, воровство тут и надругательство. (Евсеенко)

7) **Монтер** говорит: — Да ради бога, мадам. Сейчас я вам пару билетов устрою. Посидите тут, у будки. И сам, конечно,

к управляющему...И сам обратно в будку. (Зощенко)

8) — Подождите, пожалуйста, **я** на минутку **к заведующей** ... (Солнцев)

三) 名词或代词第一格形式+前置词в (на, через等)+表示各种地点意义的名词第四格形式, 如:

1) — Летим ночью...— сказал через дверь **Андрей** Наташе. — А сейчас **на телеграф**, позвоню знакомому администратору в Москву. (Солнцев)

2) — Так **вы в Персию**?...а когда вернетесь?...— кричал вслед Максим Максимыч...(Лермонтов)

3) Купив билеты, хватаю Наташу за руку и бегом — **на перрон. И в вагон**, где нет никого. (Солнцев)

4) Нет, наверное, надо потерпеть до весны..., а там — вместе с птицами в небо. **Они — на север, мы — на юг**...(Солнцев)

5) **Анна Петровна**, — пояснил он, — **вместе с супругом**, как услышали про заваруху в Петрограде, сразу денежки из банка — и **на юг**. (Васильев)

6) — Ну как, бабы? Кончили яму?..Ага! Ну, валите в контору, я сейчас приду. А там — деньги получите, — там видно будет: **кто в клуб** танцевать, **кто домой** — детей починать! (Платонов)

7) Не дай бог, Нина проснулась — **Я** покатился вниз по лестницам подъезда, скорей **на улицу**...(Солнцев)

8) И вот тоненький звоночек затрепетал, наполнил всю квартиру. **Елена через кухню, через темную книжную, в столовую**. (Булгаков)

9) Павел перебил паренька: — **Я на железную дорогу**, в главные мастерские хочу. (Островский)

四) 名词或代词第一格形式+前置词с (от, мимо, до, из等)+

表示各种地点意义的名词(代词)第二格形式,如:

1) Быки-то их понимают; запрягите хоть двадцать, так коли они крикнут по-своему, **быки** все ни **с места**...(Лермонтов)

2) Вдруг слышу быстрые и неровные шаги...Верно, **Гришницкий**...Так и есть! — Откуда? — **От княгини Лиговской**, — сказал он очень важно. — Как Мери поет!.. (Лермонтов)

3) ...чуть свет, **он — со двора**, это верно. (Толстой)

4) Я за ним...**Он от меня**. (Шишков)

5) — Слава богу...А **я из обедни**...(Чехов)

6) Конечно, мы дома — **я** только что **из больницы**. (Спивакова)

7) — **Я только что от него**...Со стариком трудно ладить, но я его уговорил. (Афанасьев)

8) Не выдержал **я**, бегом **из двора на улицу**, а сзади стрельба. (Островский)

五) 名词或代词第一格形式+前置词по+表示各种地点意义的名词第三格形式,如:

1) Вернутся **они** сейчас к Василию Ивановичу, устроят легонький ужин — молочко, творожок, оладьи со сметаной — и **по домам**. (Евсеенко)

2) — Славно поохотились, — промолвил он, закидывая ружье на плечо. — Очень даже славно! — Так может, **по домам**? — предложил Василий Иванович. — Можно и по домам. (Евсеенко)

3) Работал **я** и в совхозе и на крупзаводе — там у нас, Воронежской области, но больше **по колхозам**. (Овечкин)

六) 名词或代词第一格形式+表示方向意义的副词,如:

1) Несколько раз у него промелькнула было тайная мысль: а не махнуть ли через речку да по-над берегом, лугом и

бурьянами — **домой**. (Евсеенко)

2) Вдруг выстрел…Мы взглянули друг на друга: нас поразило одинаковое подозрение…Опрометью поскакали мы на выстрел, — смотрим: на валу солдаты собрались в кучку и указывают в поле, а там летит стремглав всадник и держит что-то белое на седле. **Григорий Александрович** взвизгнул не хуже любого чегенца; ружье из чехла — **и туда**; я за ним. (Лермонтов)

3) Отрезая гусям дорогу в парк, они зауклюлюкали на них что было силы: —**Гиля отсюда!** Гиля! (Евсеенко)

4) Вы молодежь светская, гордая: еще пока здесь, под черкесскими пулями, так **вы туда — сюда**…а после встретишься, так стыдитесь и руку протянуть нашему брату. (Лермонтов)

5) **Куда она** потом? Андрей снял с кольца второй ключ от своей квартиры, ткнул в ладонь Наташе: — На всякий случай. (Солнцев)

6) До дому дорвались, дверь открыта. **Мы — туда**. Думали — поляки, а получилось наоборот. (Островский)

7) — Здесь с этим строго, — объяснил Клим, — засекут, сразу коленом под зад. А **куда я** на костылях?(Афанасьев)

8) Он приводил ее до «скорпии» — десять шагов. — Может, останешься? **Я туда и обратно**. (Афанасьев)

9) **Куда он — туда и мы**! Он под землю — и мы под землю! Он к дьяволу — а мы к самому сатане! (Тургенев)

还常见这样一些与无动词运动句类似的句子，句中出现其他成素取代方向意义，如表示目的的成素、表示时间的成素、对运动意义做限定的成素等等，在这些句中也明显可见运动的动态意义，在这里可以简称为边缘无动词动态运动句。例句如下：

1) — **Мы на минуточку**, — повинился Василий Иванович. — Только комнату осмотреть. (Евсеенко)

2) — **Мы не на прогулку**, Борис. Должен понимать. — **Вы за Таиной Михайловной**. И я с вами. (Афанасьев)

3) Он говорил, распоряжаясь. Левой рукой он взял ее за левый локоть и правой обнял за талию, помогая идти. — **Я на минуту**, собрать свои вещи, — сказал он, — я сейчас приду помочь. (Пильняк)

4) — Что вы! — Боренька не поднимал глаз, чтобы от страха не обмочиться. — **Я только на минуту**. По малой нужде. (Афанасьев)

5) **Остальные гуськом сзади**. (Крупняков)

6) — Ишь! — ругался Мохнаков. — **Фрицев на машинах, а мы пешком**...(Астафьев)

7) (**Верочка**) Из школы **пешечком, вдоль малолюдного Крюкова канала** и — **нырк в свою квартирку**! Попила, поела и — **шасть в свою комнатку**. (Арнаутов)

值得注意的是,在无动词动态运动句子中并不是所有的句子都表示一次性的快速运动,也有表示经常行为的无动词句,如：Много времени и сил положила мать, чтобы поставить на ноги сына. **Она — и в больницы к врачам, профессорам, к знахаркам и колдунам, к травникам**...(Белов) 这与行为产生的整个情景以及句中前置词及名词的意义和形式密切相关。

同时,无动词动态句还要与另一类我们在无动词句的界定一节中提及的限定句区别开来,如：1) — Я тебя спрашиваю: ты кто? — повторил Дымов. — Я-то? — встрепенулся неизвестный. — Константин Звоных, **из Ровного**. Отсюда версты четыре. (Чехов) 2) — Свят, свят, свят... — просидел Емельян. — Беспременно где-нибудь ударило...Вы тутошние? — спросил он великанов. — Не, **из Глинова**...Мы глиновские. У господ Платеров работаем. (Чехов) 这类句子是对主体的出身、

家庭背景等做的限定。有关这两类句子的具体区别将在第六章详细讨论。

二、无动词言语句

由于言语活动是人类所特有的社会活动,因此在无动词言语句中充当主体的是表示人的名词、代词等,相对于主体而言,表示言语内容的述体对词类的要求相对宽松许多,可以是名词或代词,名词既可以是专有名词,也可以是普通名词。具体例子如下:

一) 名词或代词第一格形式+前置词о(об, обо) +名词或代词第六格形式,如:

1) Порфирий Сергеевич затаил про себя эту мысль и кинулся на выручку Ивану Митрофановичу. — Ну, так **я о кабинете**. Вы вроде бы не учитель и не профессор какой-нибудь.(Евсеенко)

2) ...Почему **она** вдруг **об "Интеграле"**? (Замятин)

3) — Не брали! Валелий Петрович! Как было? Собака привела...— **Я тебе о другом**!...— зашипел Мамин. (Солнцев)

4) — **Ты о чем** это там,мать? — Громко спросил Илья. (Распутин)

5) — Ты что? **Я не о том, я о тенденции**...(Шукшин)

6) — О ком ? — не сдавалась Евдокия Ульяновна. — **Я об Иване Градобоеве**, у вас лежал. — так у него рак был. (Ласкин)

7) Это **они о том**, что я фельдшера ударил... — думал доктор...(Чехов)

8) — Идите домой. Не беспокойте людей справками. — **Я ведь о зимних вещах**. (Гроссман)

9) — Какой бабец, **ты о чем**, друг? — полюбопытствовал Клим. (Гроссман)

二) 名词或代词第一格形式+前置词про+名词或代词第四

格形式,如:

1) — Сами, сами посмотрите. Какое благородство с его стороны. Возрождаются меценаты!... — Опять **она про мою счастливую звезду.** (Солнцев)

2) Нет, **я** тебе сначала **про Паганини.** Слышала про такого? (Солнцев)

3) **Я им про погубленное имущество**, а **они** мне лирику, **про чувства** там всякие и порядочность человеческую. Какая порядочность? Что за порядочность? Вы ее видали, что ли? (Драбкина)

4) У людей несчастье, а **они про чай.** (Токарева)

5) Что же вы так зло Дрюшу разыграли? А тут еще **я про Попова...**(Петров)

三) 名词或代词一格形式+前置词насчет+名词或代词第二格形式,如:

1) —Ты, верно, **насчет дьякона**? —спросила его Наталья Николаеьца. (Лесков)

2) **Я насчет «приватизации по-лужковски».** Чубайс, по крайней мере, справедливо раздал ваучеры, и не использовали их только дураки. (Коммерсантъ-Власть)

3) А если **вы насчет денег**, что у вас брала, то не беспокойтесь, отдам. (Грекова)

4) Наконец-то! — **Я насчет работы.** Я бы хотела работать, как все другие врачи. (Грекова)

5) **Вы насчет ружья?** — Мне говорили, у вас сдается комната. (Давлатов)

6) — Чего? — Да **я все насчет ремонта.** У вас, наверное, наряд есть на ремонт. (Войнович)

7) Я не глухой. А если **он насчет моего отпуска**... — Я

всегда говорила, что у всех людей есть родители, кроме меня. (Тэффи)

在无动词言语句中同样存在中心句和边缘句。如果说，中心句是借助于前置词о(об, обо), про, насчет等来表示的话，边缘句则是指句中出现直接引语（这时经常出现用名词第三格形式表示的说话对象和第五格形式或副词表示的行为方式）。如：

1) В сумерки опять на цыпочках вошел **сторож и — шепотом: Мы подневольные, а мы всегда — за народ**...(А. Толстой)

2) **Она** оглянулась — и совсем **тихо: — вы слышали: говорят, что в день Единогласия**...(Замятин)

3) — Да вот Вася серчает, — сказал Пантелей. — **Я ему разные слова**, чтобы не серчал, значит...(Чехов)

三、无动词转交给予句

接受人是转交给予句的必需语义成素，对于履行这一功能的词来讲，语义层面的唯一限制是必须由表示有生命的名词或代词来充当。在无动词句中确定这一角色的标志是名词(代词)的第三格形式以及行为发出者和所转交的客体，也就是名词或代词第一格形式表示的主体+(名词或代词第三格形式表示的接受人)+具有客体意义的述体。例子如下：

1) — **Господин смотритель**! Василий Иванович, голубчик...лошадей!...**Лошадей мне**, милостивый государь, ради бога, поскорее! (Короленко)

2) — Рак у него, наверное, был, мучительное умирание, а **вы ему морфий** в десятикратной дозе... (Булгаков)

3) Едва глянул на нас, Мамин тихо сказал пареньку у входа: — **Гостям кофе, коньяк**...пусть в голубом холле подождут...и сам посиди с ними...пока мы с Андреем

Михайловичем... (Солнцев)

4) — Садитесь, друзья, — радушно ворковал юрист. — Кофе? Коньяк? **Молодому человеку — коньяк**, вижу по глазам. **А вам... — Мне воды**...(Солнцев)

5) Обещаю, после передачи **каждому по ящику шампанского**. (Афанасьев)

6) — Делиться будет Соломатин: **избу бабе, корову себе**, — проговорил рядом с Викторовым знакомый голос. (Гроссман)

四、无动词具体动作(打、揍、抓等)句

这类句子经常表示打、揍等具体动作。在句中表示具体接触点的名词通常不是说明运动的方向,而是表示人或物的一部分。有时句中也出现表示整个客体的非必需成素用来加强接触意义。参与句子的成素可以表示为:名词或代词第一格形式+由名词间接格形式来表示具体动作的述体。例子如下:

1) А бывало, мы его вздумаем дразнить, так глаза кровью и нальются, и (он) сейчас **за кинжал**. (Лермонтов)

2) Он вас побранил, а вы его выругайте; **он вас в рыло**, а **вы его в ухо**, в другое, в третье — и разойдитесь; а мы вас уж помирим. (Пушкин)

3) В эскадроне сто раз заставляли Зотову рассказывать эту историю. Бойцы хохотали, крутили головами, с ног валились от смеха. — Ой, не могу, ой, братцы, смехотища! Баба угробила двух мужиков!... — Постой, ты расскажи: значит, он на тебя налетает с затылка и вдруг закричал: Баба! — А велики ли усы-то у него были? — Глаза вылупил, удивился. — А рука не поднялась? — Ну, известное дело. — И **ты его тут-тык по затылку**...Ой, братишки, умру...Вот тебе и кавалер — разлетелся.

(А.Толстой)

4) — Вон! — завопила Дарья Петровна, — вон, беспризорный карманник! Тебя тут не хватало! **Я тебя кочергой!**...(Булгаков)

5) Милиция стала кассиршу с пола поднимать, но никак поднять не может, потому что кассирша очень полная. — Да **вы ее за ноги**, — говорит продавец из фруктового отдела. (Даниил Харис)

6) Поднялась у меня рука, размахнулся...состонать не успел старик, повалился мне в ноги, а **я его, братец, мертвого... ногами**...Сам зверем стал, прости меня, господин боже... (Короленко)

7) А **она** увидит: если я маленький сорвал — ну **на меня**! Один раз разодрались в лесу. (Распутин)

8) ...**тот его** сразу **по морде**. (Лавренев)

9) А **она** бы тебя по рылу... (Крупняков)

10) **Он меня за бороду** цоп да **в ухо**!...(Шишков)

11) Тут выскочили **приятели на нее** да — **за косы**, а я перемахнул через забор, растолкал их, этак, баю, нельзя, господа купцы! (Горький)

12) **Я Максима — по лбу, я Варвару — за косу**, а он разумно говорит: Боем дела не исправишь! (Горький)

13) Выходя с фигуры, он ударял по столу крепко рукою, приговаривая, если была дама: Пошла, старая попадья! если же король: Пошел, тамбовский мужик! А председатель приговаривал: А **я его по усам**! А **я его по усам**! (Гоголь)

14) **Я его — коленом в живот**... (Овечкин)

15) Косоглазый ясно сказал, что если не послушаешь — **в морду**. (Островский)

16) Чепель поднимается: «Я что ты, говорит, за шишка

такая? Тебе какое дело?» — да за грудки меня! Я не стерпел, **Чепелю — в ухо**! Чепель развернулся, да меня! **Я его коленом в живот**...(Овечкин)

17) **Я его** сразу — **мордой в песок**...(Бондарев)

需要注意的是，这类句子并不是全部表达打、揍等具体动作意义，如：А он подошел ко мне и **рукой по голове**, как малого ребенка.(Абрамов) 这种身体的接触有时又表示问候、祝贺、再见等意义，如：— Очень приятно, молодые люди. — **И за руку с обоими**. (Абрамов)

在一些无动词动态句中还可以观察到主体是名词或代词第三格形式，也就是前面提到的其模型为 N3(Pron)[C одуш.]+ Adv (N2...)[П действие]的句子，如：

1) Илья спросил у Михаила, когда **ему на работу**, и Михаил ответил, что он на эти дни отпросился,...(Распутин)

2) Павка пренебрежительно посмотрел на нее. — Вперегонку? **Куда вам со мной!** (Островский)

3) ...Александра Владимировна обычно повторяла шутку, услышанную ею от рабочих на заводе: «**Хозяевам на работу к шести, а служащим к девяти.**» (Гроссман)

4) — Элеонор, дорогая, я возле Крымского моста...**Куда мне дальше**? (Афанасьев)

5) — **Куда мне**, — отозвался Кныш. — Мы вот с Сергеем Леонидовичем крутим по соточке. У вас же совсем другой уровень. (Афанасьев)

6) Если насчет чего-нибудь остренького, **тебе лучше к Петерсону**. (Афанасьев)

这类句子在以往关于无动词句的论述中常常被忽略，一方面是因为较难判定其是双部句还是单部句，另一方面它们的数量有限，应用范围不广。我们大胆地将这些为数不多的例子划入双成素无动词句的行列。当然,这类句子与前面分析的主体由名词或代词第一格形式来表达的无动词动态句有很大区别,从形成角度讲,这类句子的基础是无人称动词句[①];从语义和述谓性的表达来看,这类句子通常表示应该、需要、可能等行为,一般只能借助于语气词"бы"构成假定式,如:

1) — У моей Дарьи тиф брюшной. **Мне бы ее в больницу**. Покамест не свезу, ничего в голову не лезет. (Пастернак)

2) Господи, **мне бы домой**; У меня жена, ребятишки маленькие спрашивают: где папа? (Гайто Газданов)

本书的无动词动态句主要由两个成素构成,但是这些成素仅仅构成句子的"骨架"。从具体实例来看,句中往往还会出现其他成素,它们对于表达无动词动态句的类型意义来讲不是必需的,但却能进一步确定句子的语义,在这里称其为任选成素。这些成素可以以副词或名词间接格等形式对运动方式、目的等作出限定,如:

1) Не выдержал я, **бегом** из двора на улицу, а сзади стрельба. (Островский)

2) А куда я **на костылях**? (Афанасьев)

3) Мы не **на прогулку**, Борис. Должен понять. — **Вы за Таиной Михаиловной**. (Афанасьев).

在无动词具体动作句中可以用名词第五格形式对行为工具做限定,如:Выхватил у него вожжи,...аж кони в сторону прянули: «Кто тебе батька — я или бригадир...» Да **вожжами** его — по спине! (Овечкин) 有时工具意义也可以由表示身体部位的词来表示,通过身体接触来表示具体动作,如:Я его **коленом** в живот...(Овечкин);在无动词动态句中还可以应用副动词、副词、名词间接格等不同形式来从各个方面对行为加以

---

① Русская грамматика, т.2, М.,1980, стр. 373-378.

说明, 如: **Купив** билеты, хватаю Наташу за руку и бегом — на перрон! И в вагон, где нет никого (Солнцев) ; **На днях** я к вам, мы с вами потолкуем о Жорже (Островский).我们观察到这样一个规律,即句中成素出现得越多,句子意义表达得就越准确,扩展成分有助于确定句子的语义。也可以说,在无动词动态句中行为意义通过逆向配价而得到预示,但句中限定该行为的词出现得越多,表述的意义中心就越向该行为意义倾斜,核心意义就越突出,句子语义就越明晰。

第三节　无动词动态句中述谓性的表达

在本书理论基础部分的述谓性一节中已经明确指出,无动词句述谓性的表达受到一定的限制,但这并不等于否认其具有述谓性。如果说动词句的述谓性主要依靠动词的词法手段来表达,那么在无动词动态句中述谓性则是靠其结构,靠其他辅助手段来表达。关于无动词动态句中述谓性的表达手段,学者们有许多论述[①]。从情态角度看,斯科沃罗德尼科夫、福米内赫指出,只有陈述式意义可以在无动词句内部得以实现,但同时斯科沃罗德尼科夫又认为无动词动态句借助于其他手段可以表达任何

[①] 参见 Сковородников А.П. Безглагольные эллиптические предложения в современном русском языке, АКД., Красноярск, 1967, стр. 20–21; Фоминых Б.И. Простое предложение с нулевыми формами глагола в современном русском языке и его сопоставление с чешскими конструкциями, АКД., М., 1968, стр. 8–9; Хабургаев Г.А. Предложения с нулевым глагольным сказуемым в современном русском языке//Известия Воронежского государственного педагогического института, т.42., 1962, стр. 49; Лекант П.А. Об эллиптических предложениях в русском языке//Ученые записки, т.108, МОПИ имени Н.К. Крупской, 1964, стр. 120; Москвитина Л.И. Формально-семантическая организация и функционирование эллиптических предложений, КД., Спб., 1995, стр. 140; Букаренко С.Г. Отличие двусоставных предложений со сказуемым, выраженным падежной или предложно-падежной формой существительного, от сходных с ними неполных и эллиптических//Лингвистические дисциплины на факультете русского языка и литературы, М.,1973, стр. 146; Золотова Г.А. и др., Коммуникативная грамматика русского языка, М., 1998, стр. 182.

一种情态意义，并且陈述式可以有三种时间表达方式；哈布尔加耶夫认为无动词动态句可以表达陈述式和命令式意义，表达陈述式意义时有主语，表达命令意义时则没有主语。从时间角度看，哈布尔加耶夫认为无动词动态句中的时间是由叙述的整个时间来确定的，并且只局限于过去时的表达，无动词动态句经常用来描写过去发生的事件。也有学者，如列卡恩特认为无动词动态句只是含糊地表达时间意义，莫斯克维京娜以为无动词动态句中缺少将来时意义。布卡列恩卡认为无动词动态句没有时间聚合体，具有超时间性。佐洛托娃也认为无动词动态句没有情态—时间聚合体，但这丝毫不影响这些句子通过无动词的手段来表达动态性，赋予句式以简洁的表现力。

  我们在对大量的无动词句研究基础上并综合各家之言认为，无动词动态句脱离开上下文或言语情景表达陈述式的现在时意义。如果要表达其他的时间和情态，则只能借助于词汇手段、一定的上下文或言语情景等其他手段。在这里有必要先谈一谈句子同上下文的关系。虽然无动词动态句具有语义上的完整性，但它同任何句子一样，上下文及情景同样可以直接影响到它的意义。只是与结构和语义均依附于这些外部因素的不完全句不同，对于无动词动态句而言，这些因素只是其意义的外部确定者，并不涉及内部组织，因为无动词动态句靠其本身的结构成素就已获得了语义完整。可以这样讲，无动词动态句的语义评定可以划分出中心意义和边缘意义，位于中心的是句子主要的核心意义，该意义是靠其内部资源，更确切地讲，是靠句子成素的配价属性，靠句子的组合关系决定的，而其他边缘意义可以由单主题的一系列成素的配价属性共生而生，并且也受到一系列语言外因素的影响。这样一来，无动词动态句的主要意义是通过包含在句中单主题的语言内因素而形成，并在上下文及具体情景下获得唯一的意义。上下文可以分为内部和外部上下文（微观上下文及宏观上下文）。第一种上下文是指结构本身的成素,不是相邻结构,此上下文便能决定字面上表达出来的意义,也就是句子成分组成句子的组织结构和语义结构,在这个意义上句子本身就成为了一个微观上下文。比如佐洛托娃所讲:"在 Медведь за нею 句中,运动意义主要由静词性成分构成。"① 换言之,确定句子语义的固定组合(Кто за кем)就组成了这样一个可以表示运动方向的上下文。斯科沃罗德尼科夫指出:外部上下文允许确定其与相平行的完整结构的相对应性,这首先是在言语层面(篇章角度),而内部上下文,也就是微观上下文是在语言(系统)层面确定与完整结构的相对应性。②

可以这样讲,无动词动态句的语法意义(除了陈述式现在时)并不能靠其自身成分充分地表达,而是靠词汇手段(主要靠情态语气词、呼语、插入语以及句子结构模式的某些扩展成分的词汇意义)以及宏观上下文手段(复合句或超句子统一体中的平行结构等)来具体确定无动词动态句时间和情态层面的意义内容。

一、情态意义

陈述式(изъявительное значение):

上文已经陈述,单独的无动词动态句表达的是陈述式现在时含义,如:**Я не о том** (Овечкин);**Опять ты про это самое** (Овечкин);**Вот вам — один случай**. (Овечкин)

祈使式(повелительное значение):

在无动词动态句中表达祈使式的主要手段是语调,语调同时也由表述的情景来决定,如:

1) В неглубокой лощине, у заброшенного степного колодца со сломанным журавлем, Петренко остановил батальон и

---

① Золотова Г.А. и др. Коммуникативная грамматика русского языка, М., 1998, стр. 177.
② Сковородников А.П. О критерии эллиптичности в русском синтаксисе//ВЯ., 1973, №3, стр. 117.

рассредоточил его поротно. — **Ложись！Командиры рот — ко мне!** (Овечкин)

2) Он крикнул шоферу: — **в Москву! К Таганке, живо!**...О, черт!...(Пильняк)

3) — Сережка, **марш домой, сейчас же!** (Островский)

4) Едва глянул на нас, Мамин тихо сказал пареньку у входа: — **Гостям кофе, коньяк**...пусть в голубом холле подождут...и сам посиди с ними...пока мы с Андреем Михайловичем... (Солнцев)

在无动词动态句中表达祈使式的另一个结构手段是句中常出现呼语，如：

1) — <u>Господин смотритель！Василий Иванович, голубчик</u>...лошадей! Лошадей мне, <u>милостивый государь</u>, ради бога поскорее! (Короленко)

2) Конник махнул нагайкой лежавшим Павке и Климке: — Эй, <u>хлопцы</u> мои, сюда! (Островский)

3) — <u>Митя</u>, домой быстро! Разворачивай! (Афанасьев)

4) — <u>Шапошников</u>, скорей к генералу... (Гроссман)

句中出现пусть, пожалуйста, давай等语气词也可以表达祈使意义，如：

1) Да что ж вы на дороге стоите? <u>Пожалуйста</u>, в комнаты! (Чехов)

2) Часы <u>давай</u>! — неожиданно потребовала Тамара Михайловна. — Поносил, и хватит! (Евсеенко)

3) Мы у него на днях на свадьбе играем...Я их тут всех обую. <u>Давай</u> сейчас в больницу? — Нет, домой. (Солнцев)

假定式（сослагательное значение）：

在无动词动态句中语气词«бы»成为构成假定式的主要手

段,"它成为式范畴之外的'非现实性'的独立标志"①。如:

1) — Ежели **бы** мне, товарищ Чумовой, твою голову, тогда бы я тоже думал, —сознался Макар. (Платонов)

愿望式(желательное значение):

在这类无动词句中经常出现语气词бы,только бы,лишь бы,вот бы等。如:

1) — Ну и пусть, мне **бы** твои заботы, — сказала Галина Терентьевна. (Гроссман)

2) Ему **лишь бы** свое выполнить, командировку отметить да **поскорее домой, в баню, к жене.** (Овечкин)

3) Хозяюшка, **вы бы нам самоварчик**, а? (ШТД)

4) Она и меня с собой таскала. Мне что: скорей **бы** нарвать что попадет — да **домой**. (Распутин)

5) А **она бы тебя по рылу**... (Крупняков)

6) Говорили про меня:《Она своих баб, которые с нею на опытном участке работают, окончательно затягала, запрещает им за целый день присесть отдохнуть, **ей бы только плетку в руки** — как жандарм!》(Овечкин)

二、时间意义

只有表示现实情态意义的无动词动态句具有确切的时间意义。如果在上下文中没有出现表示时间意义的具体词汇,那么该无动词动态句表示的就是现在时意义。过去时和将来时意义要依靠上下文,依靠通篇的时间来确定。如:

1) — Ну, ребята, кто куда, а я **в сберкассу**, — надо в деревню сходить. (Гроссман) (将来时)

2) **Отбухал** я свои три месяца, **получил** у гражданина

---

① Божок И.А. Эллиптические предложения в современном русском языке, М., 1989, стр.142.

начальника паспорт и **на Кавказ**. (Солженицын) (过去时)

3) "Я ? Почему **все время о ненависти** ? — искренняя обида зазвенела в его голосе ."(Светлов) (现在时)

无动词动态句中的时间意义通常依靠以下手段来表达，它们是：

一）全文的叙述时间，通常是前句或后句的时间起决定作用，如：

1) У меня раз хотели было отнять участок, который мы три года удобряли, передать во вторую бригаду. **Я — в район**. Там говорят: «Ну что ж такого, хорошая земля и второй бригаде нужна». **Я — письма в край**. Нету ответа. **Я тогда — на почту**. (Овечкин)

2) **Это они о том**, что я фельдшера ударил... — думал доктор. (Чехов)

3) Да вот Ваня серчает — сказал Пантелей. **Я ему разные слова**, чтобы он не серчал, значит.... (Чехов)

4) Много времени и сил положила мать, чтобы поставить на ноги сына. **Она — и в больницы к врачам, профессорам, к знахаркам и колдунам.** (Белов)

二）无动词动态句成为复合句的组成部分，如：

1) Утром **родители на производство**, а ихняя няня берет младенца, берет пузырек с коровьим молоком и идет гулять по улицам Ленинграда. (Зощенко)

2) Как пароход приходит, так **все непременно к нам**. (Зощенко)

三）借助于句中的动词同等成分，如：

1) Прямым сообщением обратно на вокзал, **подождал** вечернего поезда **— и домой**. (Овечкин)

2) — Теперь я уж не знаю...— медленно цедил я, потирая

лоб. — Чувствую себя хреновато...**Заехал** домой после больницы, **забрал** ее и **сразу к вам**...(Солнцев)

3) Почему раньше у мужика лобогрейка работала двадцать пять лет? **Кончил** косовицу, **обтер** ее тряпочкой, **разобрал**, смазал и — **в сарай**. (Овечкин)

4) **Сломали** мы это в постоялом дворе ворота и сейчас **в подвал**...(Чехов)

四) 借助于表示时间状语的词汇手段,如:

1) **Теперь** о Кате. Она бывает у меня каждый день перед вечером и этого, конечно, не могут не заметить ни соседи, ни знакомые. (Чехов)

2) А Тамара Михайловна вся вспыхнула, залилась счастливым материнским румянцем и, повернувшись к гостям, объявила: — **Теперь** в столовую. (Евсеенко)

3) Капитан—исправник давал такой оборот ответу: — а вот я **завтра** же к нему за недоимкой! (Гоголь)

4) А вот если я прекращу это дело, **завтра** в Москву, может быть, самому Лаврентию Павловичу сообщат...(Гроссман)

5) — Летим ночью...— сказал через дверь Андрей Наташе. — А **сейчас** на телеграф, позвоню знакомому администратору в Москву. (Солнцев)

三、人称意义

人称意义是研究甚少的句法范畴,在无动词动态句中更是如此。列卡恩特[①]认为主语是无动词句必需的结构成素,是表示人称范畴的唯一手段。而斯科沃罗德尼科夫指出,存在着单部不定人称无动词句、无人称无动词句、泛指人称无动词句及不定

[①] Лекант П.А. Безглагольные двусоставные предложения в современном русском языке//Уч. зап. Бийского государственного педагогического института, вып.2., 1958, стр.276.

式无动词句。① 值得一提的是，绝大多数的无动词句是双成素无动词句。在这类句子中人称范畴首先通过充当主体的名词或代词来表达。我们从与说话人的关系的角度出发将人称区分出三类：

1) 主语或主体由综合了说话人和行为发出者的第一人称代词来表达，如：

— Слава богу... А **я** из обедни... ходил с знакомым ключарем повидаться. (Чехов)

2) 主语或主体由第二人称代词表示，如：

— А！Константин Диомидыч！

— **Вы** от Дарьи Михайловны? (Тургенев)

3) 主语或主体由第三人称代词或名词来表示，如：

Приезжаю раз вечером с мельницы; Гляжу, народу у нас в избе много ... только хочу на крылец идти — **хозяин** мне навстречу. (Короленко)

需要指出的是，在无动词动态句中主体有时是隐性的，这就需要借助于上下文来确定其具体的人称形式，需要依靠在上下文中出现的具体的人称形式、依靠同等谓语中动词的词尾或者以词汇手段来辨别。如：

1) Этот, которого я зацепил, обиделся было, стал ругаться, а другие смеются: «Чего ты, парень, так колхозы защищаешь? **Из деревни сам**? **В Москву на заработки**?» (Овечкин) 主体为парень。

2) Дед немного погодя опять наведался на бригадный двор, глядит — нету деревянной бороны... **И прямым сообщением — на степь**. (Овечкин) 主体为дед。

3) Теперь **о Кате**. Она бывает у меня каждый день перед

---

① 参见 Сковородников А.П. Безглагольные эллиптические предложения в современном русском языке. Красноярск, АКД, 1967, стр. 23.

вечером, и этого, конечно, не могут не заметить ни соседи, ни знакомые. (Чехов) 主体为 я

四、主观情态性的表达

主观情态性并不是每个句子所必须具有的，它表达说话人对表述内容所持的态度，是"表述的意义组织的第二层情态意义"[①]。对于无动词动态句而言，最常用的是句中出现情态词用来对所叙述内容的可信度作出评价。常见的情态词有может, видно, что ли, пожалуй, наверно 等，如：

1) — **Пожалуй**, вот вам еще пятнадцать, итого двадцать пять. Пожалуйте только расписку. (Гоголь)

2) Монтер говорит: — Да ради бога, мадам. Сейчас я вам пару билетов устрою. Посидите тут, у будки. И сам, **конечно**, к управляющему...И сам обратно в будку. (Зощенко)

3) — Славно поохотились, — промолвил он, закидывая ружье на плечо. — Очень даже славно! — Так **может**, по домам? — предложил Василий Иванович. — Можно и по домам. (Евсеенко)

五、述谓情态意义

有一些学者提出述谓情态意义的概念，博若克[②]在其论文中就详细讨论了愿望、可能、必须和命令等这些具体述谓情态意义的表达手段。在她看来，述谓情态意义通常由句中的情态动词和谓语副词来表达，如：мочь, хотеть, желать, можно, надо, намерен 等，而另一些学者[③]并不认为这是无动词句，因为与其

[①] Виноградов В.В. О категории модальности и модальных словах в русском языке//ТИРЯ. т.2, М-Л., 1950, стр.59.

[②] Божок И.А. Эллиптические предложения в современном русском языке, М.,АКД.,1989.

[③] 济叶帕(Зиеп)称这类句子为"带有谓语不完全省略的句子"，见：Данг Нгок Зиеп, Неполные односоставные предложения в современном русском языке, М., АКД., 1992.

说这些句中表达的是行为意义，倒不如说是指明说话人对该行为的预期以及态度。但是，在我们搜集的具体实例中却有许多这样的例子，如：

1) Сердце щемит, **хочется** иногда мучительно в поезд...и туда. (Булгаков)

2) — Она отмахнулась, он за ней. Ему **надо** было в кассу аэроагенства. (Солнцев)

3) ...Мы выпили, и я тихо объяснил ему, что нам с Наташей срочно **надо** к ее маме. (Солнцев)

4) Итак, он давно бы **хотел** в таможню, но удерживали текущие разные выгоды по строительной комиссии...(Гоголь)

5) — Нет, ты уж, пожалуйста, меня-то отпусти, — говорил белокурый: — Мне **нужно** домой. (Гоголь)

6) — Вам опять **хочется** в Италию? (Лермонтов)

7) ...Она говорила несвязные речи об отце, брате: ей **хотелось** в город, домой...(Лермонтов)

8) — Славно поохотились, — промолвил он, закидывая ружье на плечо. — Очень даже славно! — Так может, по домам? — предложил Василий Иванович. — **Можно** и по домам. (Евсеенко)

9) **Не могу** я к вам. (Островский)

10) — К Полонскому **нельзя**. Он — в зоне. Нельзя к нему. (А. Солженицын)

第四节　无动词动态句的修辞特色及其应用范围

　　无动词动态句因具有非准备性、自然性而在口语中广泛使用，同时也应用于反映这种口语性的文学作品中，主要用于强化口语（人物语言）以及使书面叙述更具有感染力和感情色彩。也有学者①研究表明,在诗体语言和政论语体中也广泛应用无动词动态句,但严谨的科技语体和公文语体不允许使用无动词动态句。从搜集到的实例来看,无动词动态句很少单独在篇章中使用,它常常与其他句子(尤其是动词句)一起作为更大的单位来构建篇章,并在其中发挥无动词动态句独特的语义和交际功能。下面我们做一简单分析:

一) 带动词同等成分

在动词句和无动词动态句同时出现的情况下,通常是表示行为快速的交替,主体完成了一件事情马上开始另外一件。无动词动态句常常位于句末,表示一个新情景的开始或情景新阶段的产生。为了吸引注意力,通常也会使用词汇手段,如:тотчас, сразу, прямо, первым делом等。如:

1) Вдруг выстрел...Мы взглянули друг на друга: нас поразило одинаковое подозрение...Опрометью поскакали мы на выстрел, — смотрим: на валу солдаты собрались в кучку и указывают в поле, а там летит стремглав всадник и держит что-то белое на седле. Григорий Александрович **взвизгнул** не хуже любого чеченца; **ружье из чехла — и туда; я за ним**. (Лермонтов)

2) На лифте (Федор Герасимович) взлетел, как на крыльях. **Промчался** по коридору, не обращая внимания на мордочки домашних, **— туда, в кабинет, к заветному сейфу**. (Афанасьев)

3) Однако, Павел дисциплину понимает тонко: **рассыпался** в любезностях, **провел** его в свою избу, **сдал** на попечение матери, а сам — **скорей** в школу и подал первый звонок. (Шишков)

---

① Табакова З.П. Структурно-семантические типы безглагольных предложений в современном русском языке, Алматы, АДД.,1994;郭聿楷:"俄语中动词谓语省略结构",《中国俄语教学》,1982年第2期。

4) ...Вот что, Иван Арнольдович, вы все же следите внимательно: как только подходящая смерть, **тотчас** со стола — в питательную жидкость и ко мне! (Булгаков)

5) — Теперь я уж не знаю...медленно цедил я, потирая лоб. — Чувствую себя хреновато...**Заехал** домой после больницы, **забрал** ее и **сразу** к вам...(Солнцев)

6) Не дай бог, Нина проснулась — Я **покатился** вниз по лестницам подъезда, **скорей** на улицу... (Солнцев)

7) А мы **скорей** на двор, **запрягли** и — только нас и видели... (Чехов)

8) — И Дима так привык к ней, придет с бюро обкома и **сразу** на тахту, материалы читает. (Гроссман)

另外，这类句子对行为的描写并不是简单的列举，在行为之间有逻辑基础和联系，第二个行为常以第一个行为为条件或者第一个行为解释第二个行为的目的。两个行为间的联系常依靠连接词и, да等连接。如：

1) Вернутся они сейчас к Василию Ивановичу, устроят легонький ужин — молочко, творожок, оладьи со сметаной — **и по домам.** (Евсеенко)

2) Стали они болтать о том, о сем: вдруг, смотрю, Казбич вздрогнул, переменился в лице — **и к окну.** (Лермонтов)

3) Староста размахнулся **да раз меня в ухо**! (Шишков)

4) Она и меня с собой таскала. Мне что: скорей бы нарвать что попадет — **да домой.** (Распутин)

5) Ну, съезжу я на пару недель в Венецию или Барселону... но он же не может без своих буровых! Оставит меня — **и в Россию**...— И мадам рыдала. (Солнцев)

二) 与动词句组成复合句

我们还观察到，无动词动态句经常和其他类型句(尤其是动词句)组成更大的句法单位——复合句。在主从复合句中,尤其是带有时间从句的结构(как, как только, чуть только)中经常出现无动词动态句。这些连接词表示情景的直接交替。如:**Как** пароход приходит, так все непременно к нам (Зощенко). 这种行为快速交替的特点可以靠其他手段得以进一步确定和加强,如使用词汇手段сразу: Как полночь — она **сразу** за дверь, и нет ее (Петров). 在带有条件从句(使用连接词если, раз)的结构中也可见无动词动态句,如:— Сегодня не на чем больше, ага, — согласился Илья. — **Если** вчера получила телеграмму, сегодня на самолет, в городе пересадка (Распутин); А она увидит: **если** я маленький сорвал — ну на меня! Один раз разодрались в лесу (Распутин); — Откуда вы только такие народились? — **Если** вы обо мне, то я московский озорный гуляка. (Афанасьев)

在无连接词复合句中,无动词动态句可以是任意一部分。无连接词复合句可以有如下语义类型:解释关系(其中第一部分包含着对事实的叙述,而第二部分则对叙述做出解释)、对比关系和列举关系等等。如:

1) ...Она говорила несвязные речи об отце, брате: **ей хотелось в город, домой**... (Лермонтов) 表示解释关系

2) Нет, наверное, надо потерпеть до весны..., а там — вместе с птицами в небо. **Они — на север, мы — на юг**... (Солнцев) 表示对比关系

3) Павел подбежал к его избе. Так и есть — замок. **Он к соседям, он в сарай, он в баню**. (Шишков) 表示列举关系

4) — Она отмахнулась, **он за ней**. Ему надо было в кассу аэроагенства. (Солнцев) 表示先后顺承关系

在并列复合句中也常用无动词动态句,尤其是在用对别连接词а的并列复合句中,如:

1) А на службе ему сюрприз: жалованье скостили — вместо 650 рублей только 500 оставили. Профессор туда-сюда — ничего не помогает. **Профессор к директору, а директор его в шею. Профессор к бухгалтеру, а бухгалтер говорит: Обратитесь к директору.** Профессор сел на поезд и поехал в Москву. (Даниил Харис)

2) **Утром родители на производство, а ихняя няня берет младенца**, берет пузырек с коровьим молоком и идет гулять по улицам Ленинграда. (Зощенко)

3) **Я им про погубленное имущество, а они мне лирику,** про чувства там всякие и порядочность человеческую. Какая порядочность? Что за порядочность? Вы ее видали, что ли? (Драбкина)

4) У людей несчастье, **а они про чай**. (Токарева)

5) Он вас побранил, **а** вы его выругайте; **он вас в рыло, а вы его в ухо, в другое, в третье** — и разойдитесь; а мы вас уж помирим. (Пушкин)

6) — Ну, ребята, кто куда, **а я в сберкассу**, — надо в деревню сходить. (Гроссман)

7) Как вы не понимаете, я не об этом, я **не только о конкретных человеческих судьбах, но и о судьбах народа, о его борьбе**. (Солженицын)

无动词动态句能够在篇章中履行自己的功能,这与其特有的修辞特色是分不开的。众所周知,人类的活动带有很强的目的性,总是希望花最小的力气达到最终目的。这一特点在用语言手段进行交际的过程中则表现为去除多余性,使表达方式更为简洁。这种形式上简化、语义上繁化的无动词动态句与动词句相比,在口语中更受欢迎。因为正是在口语中,语言材料节约的原则获得了最好的反映,从而既达到了语义内容的凝结、结构的紧凑,同时又节约了语言表达手段。

其次,作为日常口语的直接反映以及书面语的修辞表达手段,无动词动态句常用于人物对话描写和叙述部分。"文学作品中的人物对话与口语非常相近,使用无动词句是作家塑造艺术形象的手段,用以造成对话的浓郁的口语色彩,或赋予人物语言某种性格特点。"① 我们可以找到许多文学作品的人物对话中应用无动词动态句的例子,如:— Так **вы в Персию**?...а когда вернетесь?... — кричал вслед Максим Максимыч...(Лермонтов);— **Откуда ты**? — **Из Прилучина**; Я дочь Василья-кузнеца, иду по грибы.(Пушкин) — А! Константин Диомидыч! Здравствуйте! — ответила она. — **Вы от Дарьи Михайловны**? (Чехов) 作者在文学作品的叙述段落中使用无动词动态句可以使语句具有简洁精练、生动活泼的特点。它们尤其广泛用于对快速发展的行为的描写,赋予整个叙述以紧张、简洁的特点。如:Рассказали люди, как она в военное время от семи женихов с разных фронтов деньги по аттестатам получала. И даже один из этих женихов приехал. Вижу — шелка японские у нее появились. Откуда? Я на Восточном фронте не был, не привозил такого. Потом и его самого застал. **Я — в дверь, он — в окно, со второго этажа**...(Овечкин)

另外,正如郭聿楷教授所指出的,无动词动态句在政论语体,尤其是标题中广泛使用。我们曾对报刊的标题进行过专门研究,在标题中使用无动词句可以赋予标题以简明、活泼的特点。在标题中应用的有无动词动态转交给予句,如:Правителям — пенсию по минимуму. (Правда, 16 ноября 1995г.); Новому поколению — новые учебники! (Литературная газета, 11 октября 1995г.); Цветы — победителям! (Правда, 2

---

① 郭聿楷:"俄语中动词谓语省略结构",《中国俄语教学》,1982年第2期,第30页。

сентября 1995г.); Всем кварталам квартал! (Аргументы и факты, 12–18 августа 2015г.); Все лучшее — детям.(Аргументы и факты, 12–18 августа 2015г.); 也可见无动词运动句和无动词言语句，如：С Митинга — в больницу. (Правда, 24 июня 1995г.); От Олимпиады — к массовому спорту. (Комсомольская правда, 10 февраля 2015г.); Пора по паркам. (Аргументы и факты, 12–18 августа 2015г.); В российские шахты — с турецким оборудованием! (Комсомольская правда, 3 февраля 2015г.); Об учителе — с любовью.(Комсомольская правда, 11 ноября 1995г.); Кстати, о птичках. (Комсомольская правда, 10 февраля 2015г.); Еще раз про любовь. (Комсомольская правда, 10 февраля 2015г.). 当然这些用于标题的结构与我们所研究的无动词动态句也有一些区别，正如索尔加尼克（Г.Я. Солганик）所言："这些结构同称名结构一样成为专门用于标题的句式。"①

无动词动态句的表情修辞功能得到了几乎所有学者的认同，就连认为这类句子是不完全句的学者也指出了这个特点。"这类句子中谓语的省略完成着独特的修辞功能，赋予整个句子以表情色彩，与相应的动词句相比更能表达快速性、紧张性。"②

---

① Солганик Г.Я. Лексики газеты, М.,1981. стр.61.
② Верестюк И.В. Вопросы классификации неполных предложений//Вестник Мос.ун-та.сер.9, филология,1986, №4, стр. 27.

第五章
双成素无动词静态句

第一节　无动词静态句的形成源泉及其句法实质

在现代俄语中会接触到大量这样的双成素句子，它们的结构成素分别由指明存在的人或物的名词(代词)第一格形式和表示该人和物所处的地点方位的前置词+名词间接格形式(或副词)构成，如：Отец в городе；Книга на столе 等。其句子模型可以表示为：N1（Pron）[С одуш. / неодуш.] + Adv (N2...) [П отношение+Л.],没有方括号的拉丁字母表示形态结构，即名词(或代词)第一格+前置词与名词间接格形式(或副词)；有方括号的斯拉夫字母表示语义结构，即动物或非动物主体+表示地点方位意义的关系述体。本书称这类句子为双成素无动词静态句。它们因其简洁的结构，句子基本特征的特殊表达方式以及在言语中的广泛应用而引起语言学家的关注[①]，但如何评定句中

[①] 参见 Лекант П.А. Продуктивные типы безглагольных односоставных и двусоставных предложений в современном русском языке, АКД., М., 1961; Мишина К.И. Безглагольные предложения с обстоятельственными по значению словами в современном русском языке//Уч. Зап. МГПИ имени В.И.Ленина. Современный русский язык, М., 1964; Ширяев Е.Н. Нулевые глаголы как члены парадигматических и синтагматических отношений, АКД., М, 1967; Фоминых Б.И. Простое предложение с нулевыми формами глагола в современном русском языке в его сопоставлении с чешскими конструкциями, АКД., М., 1968; Безденежных Е.Л. Двусоставные безглагольные предложения в современном русском языке, АКД., М., 1972 и др.

名词间接格形式的句法作用,到目前为止仍没有一个统一的看法。现试图对这类句子的形成源泉和句法实质做一综合分析。

一、语言学著作中对这类句子的评定

在现代语言学界对这类句子看法颇多,莫衷一是。对这类句子的评定与如何处理多义词"быть"的用法①密切相关。这样,如何看待在诸如 Отец（был, будет）в городе, Книга（была, будет）на столе 这类表示地点方位的句子中"быть"的结构—语义作用便显得至关重要。Быть 是实义动词还是系词？与解决这一问题紧密相连的就是无动词静态句的划分。可以这样讲,"быть"的语义划分直接决定着它的句法地位。如果它是实义动词,则在句中充当谓语；如果没有词汇意义,只表示时间、人称、方式等语法意义,则为系词。希里亚耶夫、尼基京（В.М. Никитин）等学者继承彼什科夫斯基、沙赫马托夫、奥夫夏尼科—库利科夫斯基等老一辈语言学家的观点,认为"быть"在地点方位句中是实义动词。在这类句子中他们划分出谓语 был (будет)及状语 в городе (на столе),而在 Отец в городе; Книга на столе 句中他们认为是对实义动词"быть"的省略或者是其零位形式。如福米内赫认为在 Отец дома 这类句子中存在着动词的省略,这种省略形式是多义的,它可以是 был, работал, будет работать 等,他指出:"从结构角度看,这是双部省略句,其中述谓性是暗含表达的。"②

对无动词静态句的这种认识一直持续到今天,这种观点在

---

① 参见 Кокорина С.И. Структурно-семантическая типология конструкции с глаголом "быть"// Преподавание русского языка студентам и специалистам нефилологического профиля, М., 1978; Падучева Е.В., Чвани К.В. О синтаксической структуре предложений с глаголом "быть" в русском языке//Грамматика русского языка в свете генеративной лингвистики, Реферативный сборник, М., 1977; Дручинина Г.А. Многозначный глагол "быть"//Русский язык за рубежом, М., 2000, №1.

② Фоминых Б.И. Простое предложение с нулевыми формами глагола в современном русском языке в его сопоставлении с чешскими конструкциями, КД, М.,1968, стр.128.

大、中学的教科书中均可见。①坚持这种观点的学者们认为，诸如 в городе, на столе 等名词间接格形式为状语，因为它们可以与副词作为句子的同等成分使用，而表示地点意义的副词则是充当状语的典型代表，如：И вот эти страшные немцы не где-то идут, а уже **здесь, в городе**. (Островский) 另外，他们认为表示地点方位意义的名词间接格形式不能赋予主体处于某地的特征，正因为此，句子重要的是确定人或物的存在，而不是存在的处所。这样，名词间接格形式是依附于动词的，它的句法功能只是对句子的扩展。鉴于此，这些学者认为此类句子在结构上有所欠缺。

　　另一些学者，如佐洛托娃、别兹杰涅日内赫、列卡恩特等则从另一个角度来阐释这类句子，他们认为"быть"在地点方位句中只起辅助作用，充当系词，句中的结构—语义中心是名词间接格形式。与这类句子相对应的无动词静态句在他们看来是完全句，是独立句。在无动词静态句中表示地点方位意义的名词间接格形式已获得了谓语地位，而不是动词谓语省略或零位形式下的状语。比如，佐洛托娃②从两个角度来解释这类句子。一方面，她在列举了 Дочке год — Дочке был год; Она в тоске — Она была в тоске; Собрание в школе — Собрание было в школе 例子之后指出，句子的主语和谓语之间出现了系词，但其主要作用是表示时间、情态及人称等述谓意义。她认为上述句子的谓语均为静词性合成谓语。在佐洛托娃看来，Отец（был, будет）в городе 是对原始句型 Отец в городе 的时间及情态变体，动词形式（был, будет）不具有任何词汇意义，只表达时间及情态的语法意义，而句子的述体特征则全部蕴涵在名词间接格形式 в городе 之中。另一方面，佐洛托娃认为 в лесу, в саду, там 作

---

① Бабайцева В.В. Современный русский язык, М.,1997, стр. 317 и др.
② Золотова Г.А. и др. Коммуникативная грамматика русского языка, М.,1998, стр. 173.

为自由句素完全可以在句中充当述体。①在科学院《70年语法》及《80年语法》中 Отец на работе; Друзья рядом 已经作为独立的结构模式出现，但对其聚合体变体中出现的"быть"作者们并未进行说明限制。持这种观点的学者们认为"быть"在表示地点方位意义时不能单独做述体使用，并且名词间接格形式可以充当动词谓语的同等成分，比如 Сестра **в городе** и **ходит** по театрам，因为动词"ходит"在句中履行谓语功能，则名词间接格形式作为同等成分同样充当谓语。②

还有一些学者，如巴巴依采娃、斯米尔尼斯基等则采取了折中主义。在他们看来，无动词静态句中的名词间接格形式兼有传统意义上的谓语和状语功能。正如斯米尔尼斯基所指出的：这类句子的谓语可以称之为状语式谓语(обстоятельственное сказуемое)。巴巴依采娃认为 Отец в городе 是结构上不完整、语义完整的句子，她认为动词"быть"本身并未失去自己的词义，同时名词间接格 в городе 这一形式也并未由状语变成静词性合成谓语，尽管它包含了关于言语对象的所有信息，在现在时情况下综合了谓语和状语特点。③但不管持哪种观点，有一点是得到大家公认的，即对于这类句子而言，名词间接格形式是句子的必需成素。

二、быть 的语义分类

究竟应该如何看待 быть 在地点方位句中的作用呢？众所周知，动词根据其语义可以分为实义动词、系词和用于组成分析

---

① 采用句素的概念来解释无动词静态句的学者还有：Блажо Блажев, Дручинина 等。见：Блажо Блажев, Употребление конструкции направления и места в современном русском языке, КД., София, 1975, стр. 25; Дручинина Г.А. Локативные синтаксемы в современном русском языке, М., КД., 1987, стр. 11, 13, 96.

② 参见 Безденежных Е.Л. Двусоставные безглагольные предложения в современном русском языке, КД., М.,1972, стр. 48.

③ 参见 Смирницкий А.И. Синтаксис английского языка М., 1957, стр. 114–115. Бабайцева В. В. Современный русский язык. Синтаксис, Ростов-на-Дону, 1997, стр. 172–175.

性动词形式的辅助性动词。①对于быть而言,其多义性也决定了它在不同的句中可以充当实义动词、系词和辅助性动词。Быть在许多静词类句中充当系词和在未完成体构成将来时形式时充当辅助性动词已经不引起争议。在列举быть作为实义动词时,常表示拥有、存在意义②,但对用于地点方位意义的быть却很少涉及,那么,用于地点方位意义的быть是什么样的词呢?

希里亚耶夫③曾以 Лингвистика есть наука和В городе есть доктор 为例指出быть用于系词和作为实义动词表示存在意义时的三点区别:

1. 在有系词быть的句子中有对事物存在的预设(пресуппозиция),即首先语言学是存在的,然后才是语言学是一门科学;而表示存在的быть则没有这种预设,因为在这句话中医生的存在与否正是要确定的内容,在城里有一位医生。

2. 在存在句表示否定意义时,需要借助于нет,存在句的主语变为第二格形式:В городе нет доктора,而在系词句中只需要添加否定语气词не即可:Лингвистика не есть наука。

3. быть用作系词和用作动词表示存在意义的同义词不同,前者的同义词为являться,后者的同义词为иметься,существовать。

希里亚耶夫的这三点区分也引起了很大争议,但我们不妨按此模式看一下在 Доктор (был, будет) в городе句中用于"地点方位"意义的быть与上述两个意义有何区别。第一点,在Доктор (был, будет) в городе这一句中对存在是有预设的,即存在一位医生,医生在城里。从这一点来看,Доктор в городе 和 В городе есть доктор这两个句子不仅是词序的不同,其深层意

---

① Большой энциклопедический словарь. Языкознание, М., 1998, стр. 104.
② Грамматика русского языка, т.2, ч.1, М., 1954, стр. 391.
③ Арутюнова Н.Д., Ширяев Е.Н. Русское предложение.Бытийный тип, М.,1983, стр. 26–27.

义和句法结构也不相同,第一句表达的类型意义是"主体及其地点方位",第二句则用存在句来概括更为合适,这也是为什么不把这类句子划为无动词静态句的一个原因。第二点,在地点句否定时借助于语气词не,如:— А чокаться-то можно ли? — испугалась Варвара. — Можно, можно, мы **не** на поминках. (Распутин); — Отчего вы **не** в больнице? Температура не записана, везде беспорядок...(Чехов)而存在句则用нет来否定,如:Ему казалось странным, что он не на тюке, что кругом все сухо и на потолке **нет** молний и грома. (Чехов) 第三点,быть用于地点意义时也有不少同义动词。

通过这三点对比分析可以看出,быть用于地点意义时与系词有些相似,但这是否可以凭此断定быть起着系词,起着辅助性的作用呢?众所周知,系词主要用于表示主体和述体的关系,用于表示情态—时间等语法意义,正如谢尔巴所讲:"系词быть不是动词,尽管它具有动词的各种形式,这是因为它没有动作意义。实际上,这个系词的唯一功能,就是表现主语和谓语之间的纯粹的逻辑关系"①别洛沙普科娃也指出,"作为系词的быть没有任何的词汇意义,其内容只限于语法方面、形式方面,只用来表示时间和情态意义。"②

但是быть表示地点意义时并没有完全丧失自己本身的词汇意义,正如尼基京③所指出的:"动词是用于其本来的含义,只是对于该句子,对于意识而言变得苍白,退居'二线'而已"。更确切地讲,地点方位意义是由быть和名词间接格形式共同表达

---

① Щерба Л.В. О частях речи в русском языке//Избранные работы по русскому языку, М., 1957, стр.78;谢尔巴:《论俄语词类》,北京时代出版社,1957年,第25页。
② Современный русский язык под редакцией В.А.Белошапковой, М.,1999, стр. 614.
③ 参见 Никитин В.М. Сходные элементы обстоятельства и составного сказуемого//Вопросы грамматики и лексики современного русского языка, Уч.Зап.т.25, выпуск кафедры русского языка, Рязань, 1959, стр. 147.

的。可是，быть是实义动词①吗？

值得注意的是，быть在表示"存在"和"地点方位"意义时有两点不同，一是表示存在意义时有现在时形式，而表示地点方位意义时没有；二是быть表示存在意义时可以单独使用，即单独在句中充当述体，而在表示地点方位的句中则不能，它必须与后面的名词间接格形式一起使用。从这一点来看，也足以证明быть表示地点方位意义时在语义上不能自足，必须要求语言环境的支持。一些语言学家②根据词类本身的语义自足情况将词类，尤其是动词分为语义独立动词(автосемантические)和语义虚化动词(синсемантические)。语义独立动词是指不需要语言环境(上下文、言语情景以及与其他词的组合)的支持便可获得语义的完整，而语义虚化动词必须有上述三个条件的支持，否则句子的语义完整性将遭到破坏。从这个意义上讲，быть在地点方位句中正属于语义虚化动词，只有与表示具体地点意义的名词间接格形式一起才能表达完整的语义。

综合上面的分析，我们认为быть是具有很抽象意义的动词，它在地点方位句中处于系词和实义动词之间的一种过渡状态，这是由其多义性和经常使用而逐渐发生语义弱化的结果。"词在语言中用得越多，它就越容易失去其语义成分，越容易引

---

① 19世纪上半叶逻辑学派的学者们将句子与逻辑相对应，并把系词也看成是动词，在句中作为独立成分来处理，当时就有学者指出了быть的辅助性功能，指出了быть作为动词形式上的欠缺性。

② 关于语言单位的语义独立性(автосемантия)和语义虚化性(синсемантия)的学说起源于亚里士多德，后来在20世纪初在德国又重新兴起，在Э.Гуссерля以及А.Марти著作中得到了很好的阐述。在当今语言学界这两个概念已获得了新的含义，将其用于词类、句子以及参与篇章构建的语言单位的分析。见：Гатина А.Э. Неполное высказывание как строевая единица связного текста, М., АКД., 1989; Гулыга Е.В. Автосемантия и синсемантия как признаки смысловой структуры слова//ФН., 1967, №2; Маляров В.Г. Коммуникативная значимость предикатов локализации и их окружения в простом предложении//Синтаксис простого предложения, Л., 1972.

起转义和变成表述的辅助成分。"①这种现象在быть身上找到很好的印证,难怪别洛沙普科娃②称быть为"通用述体"。在Отец (был, будет) в городе这类地点方位句中быть和名词间接格形式一起在句中充当述体,名词间接格形式同时兼有"谓语和状语功能"。

三、Отец в городе和Отец (был, будет) в городе的关系

关于这两类句子的关系问题,学者们也是各持己见。加尔金娜—费多鲁克、什维多娃等认为它们是同一类句子,只是在现在时情况下出现零位形式。如加尔金娜—费多鲁克指出:"不能认为带零位系词的句子是一种谓语的特殊类型,和带был, будет的谓语的句子完全不同……"③什维多娃也指出:"在所有类型的无动词句原始形式中没有动词,而只有其句法位置,动词类词的零位。所以在聚合体中出现быть形式时,这并不是聚合体的改变,而是借助于动词手段的一个句子的不同形式的构成。"④佐洛托娃也持类似的观点:"在带有静词性述体的语法变体中出现动词形式并不能赋予句子以动词性,因为动词的作用在这里是辅助性的。"⑤

列卡恩特⑥持相反的观点,他认为Сестра **на работе** 和Сестра **находится на работе** 在结构上是两类完全不同的句子。在第一句中на работе是谓语,表达广义的特征与其携带者

---

① Гак В.Г. Русский язык в зеркале французского//Русский язык за рубежом, М.,1967, № 3, стр. 40.
② Белошапкова В.А. Предложения со значением местонахождения предмета в русском языке//Русское языкознание, М.,1983, вып.7, стр. 101.
③ Галкина-Федорук Е.М. О нулевых формах в синтаксисе//РЯШ., 1962, №2, стр. 9.
④ Шведова Н.Ю. Парадигматика простого предложения в современном русском языке//Грамматические исследования, М.,1967, стр.13.
⑤ Золотова Г.А. Коммуникативные аспекты русского синтаксиса, М.,1982, стр.190.
⑥ Лекант П.А. Безглагольные двусоставные предложения в современном русском языке//Уч. зап. Бийского государственного педагогического института, вып.2., 1958, стр. 273.

的关系,而在第二句中 на работе 是附属谓语 находится 的状语。尽管他强调,谓语 находится 同 быть 一样在句中具有弱化的词汇意义。但他这样看待这两类句子从根本上讲是不妥当的。

综合前面的观点,我们提出无动词静态句的理论基础。前文已经论述过,双部动词句中的动词后成分有双重性。一方面,状语、补语与动词有直接的联系,如性质状语、处所状语、时间状语;直接补语、间接补语等。另一方面,它们通过动词谓语与主语发生联系。这种联系是间接的,因此是隐蔽的或潜在的静词性谓语。句中的动词弱化程度越高,它们的隐蔽程度越低,其述谓性越明显。在这方面,将动词就其词汇—语法意义而分为实义和非实义动词就很重要,这对揭示无动词静态句的结构特点,对解释很多无动词句的产生原因至关重要。半实义动词(неполнознаменательные глаголы)[它有许多同义名称:вспомогательные, служебные, связочные, неполнозначные 等]因其不表示行为,因而它们很少能够充当句子的独立成素,经常与词汇实义成素联合使用,句中所要表达的内容正好也蕴涵在其他成素中。"半实义动词不表示事物的特征,不表示行为,只是具有对于谓语而言所必需的时间及情态意义,所以它们只有与其他词连在一起才能充当谓语。"[①]这样,быть 作为半实义动词,在表示地点方位的句子中必须有相应的名词间接格形式的支持。

再来看一下弱化现象。"弱化这一术语是从语音学中借用过来的,它在句子结构中首先涉及的是句子的谓语。弱化现象的实质是在句中存在句法和语义上都与谓语联系的词,谓语经过'缩减'至零,或者是成为与系词类似的'纯粹'的句法形式。"[②]这样,发生弱化便要求两个条件:一是这些动词脱离开与之联系的

---

① Ленант П.А. Типы и формы сказуемого в современном русском языке, М.,1976, стр.15.
② Распопов И.П. О некоторых типичных изменениях в синтаксическом строе предложения// Русский язык в школе,1976, №3, стр. 92.

成素在句中不能单独使用，二是依附成分由于与动词的紧密联系仿佛吸入了它们的具体词汇意义。拉斯波波夫以下面例句：Мелиховский двор **на самом краю хутора** (Шолохов); Мамин дом был **рядом, за углом** (Симонов)来分析弱化现象。他认为，在这些句中发生弱化的正是这些表示地点意义的动词谓语，因为句中存在表示状语的名词间接格形式，虽然动词发生了弱化，但谓语不是省略，而是在紧缩(сокращение)，也就是依旧在句子成分中以其词汇意义空泛的形式存在。布洛赫(М.Я. Блох)在谈到弱化时讲道："弱化是通过清除(элиминация)和零位(нулевание)来达到的。在发生这种转变时，产生了结构表层和内层的辩证分解，即表层形式在减少，而内层，意义层则在继续增长。"①

综上所述，可以这样讲，无动词静态句正是动词быть发生弱化的结果。但同时应该注意，我们对无动词静态句的理解与拉斯波波夫、布洛赫又有很大不同。在 Отец (был, будет) в городе这类句子中，由于быть在表示"地点方位"意义时不能单独使用，这样使得名词间接格形式成为句子结构—语义的必需成素，与быть一起履行述体的功能。由于быть语义的弱化，使在现在时情况下名词间接格形式完全承担起述体的功能。这样，无动词静态句是结构—语义均完整的句子。但由于быть尚未变成纯系词，它仍然保留着自己空泛的词汇意义，因此，无动词静态句又是边缘无动词句，还未变成纯粹的无动词句。这一特征在时间、情态等意义获得表现形式时表现得最明显。正如别兹杰涅日内赫所言："不能完全肯定地讲，句子'Отец в лесу'在过去时和将来时形式时是无动词的。在这种情况下将其定义为动词类无动词句或者动词类静词句更合适。"②也可以说在这

---

① Блох М.Я. Факультативные позиции и нулевые формы в парадигматическом синтаксисе// Уч.зап.МПГИ, М.,1970, №422, стр. 95.
② Безденежных Е.Л. Двусоставные безглагольные предложения в современном русском языке, М., КД., 1972, стр.87.

些句中在某种程度上既存在动词句的特征,又存在静词句的特征,因为名词间接格形式兼有空间及述体意义。

我们也可以从语言的发展趋势,即语言趋于多余性和节约性来解释无动词静态句的源泉。语言作为一个传递信息的系统,它的发展有两大趋势:一是趋于多余性,二是趋于紧缩性。这两大趋势成为辩证的矛盾。可以说,我们所研究的无动词静态句实际上正是句子趋于紧缩性的例证。

第二节　无动词静态句的同义结构

提及无动词静态句,不能不提到其同义结构,也就是应用 быть 的功能同义动词 находиться, располагаться, стоять, сидеть 等的句子①,如:Этот домик с примыкающим к нему палисадником **находился** в черной, запущенной части парка со старой полукруглою аллеей въезда (Пастернак); Тело самоубийцы **лежало** на траве около насыпи (Пастернак); В одну из таких суббот я впервые увидела Сергея. Он **стоял** у окна, листая какую-то книгу (Салманова); Портрет его все время **висит** на районной Доске почета...(Евсеенко)等。句中出现这些动词通常并不改变其语义和结构,它们只是再一次支撑了原模型的内容,并且在用法上多了一些语义及修辞方面的限制。很多语言学家都对这类动词感兴趣,称之为虚词类辅助动词(служебные глаголы)"表示空间中位置的动词在语义层面不是自足的,重要的不是过程的性质,而是在什么情况下进行的

---

① 这类动词引起了许多学者的注意,请参见 Всеволодова М.В., Го Шуфень, Классы моделей русского простого предложения и их типовых значений, М., 1999; Белошапкова В.А. Предложения со значением местонахождения предмета в русском языке//Русское языкознание, М., 1983, вып.7; Гак В.Г. Русский язык в зеркале французского//Русский язык за рубежом, М., 1967, № 3.

过程。"①;"句法不完善动词"(синтаксически незавершенные глаголы)②;佐洛托娃则认为这类动词近似于"辅助性的动词"(вспомогательные глаголы)③等。这些动词在表示地点方位的句子中无论在结构,还是在语义层面的确不是自足的,但其实义性的程度又有区别,它取决于在具体句子中的功能。我们来具体分析一下这类动词。

● 动词"находиться, помещаться, располагаться"可以称为"专门表示地点意义的动词"。它们在句中不指明主体在空间中的具体位置,而只是表明地点方位这一宽泛意义,而具体的意义要靠名词间接格形式或副词来进一步揭示。如:Обоз **расположился** в стороне от деревни на берегу реки (Чехов); Камера **помещалась** в усадьбе мирового судьи, в одном из флигелей, а сам судья жил в большом доме (Чехов); Улица **находилась** на самой окраине города (Салманова). 换句话说,"这些动词对名词间接格形式的要求从严格意义上讲已成为常规,因为它们只有在指明地点意义时才使用。"④但这些动词并不是要求某一具体的名词间接格形式,而是只要该名词间接格形式表示地点意义即可,因此,可以使用不同的前置词与名词进行搭配。动词语义上的不完整性也就决定了句中的谓语和表述的命题实际上是由动词与名词间接格形式来共同完成的。继而由于动词语义的弱化,句中缺少上述动词时便并不影响句子语义的完整性,因为地点方位意义已由主体和名词间接格形式的述体共同表达出来。不用动词,也使语言从双重语义中解放出来,

---

① Смирницкий А.И. Синтаксис английского языка, М.,1957, стр.117.
② Никитин В.М. Глаголы с обязательным дополнением или обстоятельством//Вопросы грамматики и лексики современного русского языка, Уч.Зап.т.25, выпуск кафедры русского языка, Рязань, 1959, стр. 166.
③ Золотова Г.А. О роли глагола в структуре предложения//Русский язык за рубежом, 1981, №5, стр. 66.
④ Печников А.Н. Словосочетание как синтаксическая единица: пособие для студентов, Ульяновск,1973, стр. 50.

这也是句子趋于简约化的一个表现。而带有这些动词的句子，在公文语体、在文学作品中较常用，用来更准确、更严格地描写情景。

● 动词стоять, лежать, висеть, сидеть可以称为"方位动词"（позиционные глаголы）。它们单独使用时只是传达主体的空间位置信息，确认人或物的位置（人是站着、坐着还是躺着，物是悬挂着，还是竖放、横放着），但要表示具体的地点意义则需要名词间接格形式（或副词）的支持。这些动词的实义性程度依据要表达的类型意义"人与地点方位"和"物与地点方位"来决定。毋庸置疑，人是可以运动的，他的躺、坐、站的状态也是可以改变的，因此，在带有这些动词的地点句中动词具有十足的语义，并且这些句子传递的不仅仅是主体所处地点的信息，还有其在该地点具体状态的信息，明确其坐、躺、立的具体状态。比如：Лексутов **стоял** на ступенях крыльца гостиницы 《Украина》(Солнцев); Трое военных, с ромбами на рукавах, **сидели** в стороне от стола в кожаных креслах вдоль стены, сидели очень скромно, навытяжку, — безмолвствовали, с портфелями в руках (Пильняк); Старуха Анна **лежала** на узкой железной кровати возле русской печке...(Распутин). 这种表达方式不仅在俄语中如此，在其他语言中，如德语中也采用类似表达手段。①

但在用上述动词表示"物与地点方位"意义的句子中常常可以发现"词汇的一致性（лексическое согласование）"，也就是这些动词表示的是事物的习惯性能（узуальное свойство）。通常存在两种一致类型：一种是事物与动词间的一致，另一种则是事物与名词间接格形式的一致。比如：房子和柜子的通常状态是立着的（стоять），书是横放的（лежать），而画在墙上常常是挂着的（висеть）。这些动词表明的都是事物的惯常特征，即使在事

---

① 参见 Акулова К.П., Эйхбаум Г.Н. Об именном сказуемом в современном немецком языке// ФН.,1962, №4, стр.191.

物的状态(哪些事物常处于水平状态,而哪些常位于垂直位置)非常明显的情况下,在俄语中还是经常出现这些动词。"与法语相比,在俄语中更常用这些方位动词,以便专门强调其特点。"①

比如: Портрет его все время **висит** на районной Доске почета...(Евсеенко); Обоз **стоял** на большом мосту, тянувшемся через широкую реку. (Чехов) 值得一提的是,这种语义的一致性允许上述方位动词可以用быть来代替,同时也是这些动词语义上的多余性和结构上对名词间接格形式的迫切需要性为无动词静态句的产生提供了理论依据,正是动词的语义多余性为它们变为辅助性词创造了条件,使这些动词与"быть"成为平行动词,只是它们应用的范围稍窄一些。这样,如果动词表达主体的典型位置,那么它在语义上与主体相一致,它就可以省略或者是用表达普遍意义的动词быть代替,句子的内容并不发生改变。如果主体在该语境下可以有不同的姿势,他的位置不被说话人所熟悉,不进入说话人的预设,则动词保持自己的实义性。②

需要注意的是,带有стоять, лежать, сидеть等动词的句子中也有两种词序,一种是名词间接格形式位于句首,位于动词之前,如: **За столом** неподвижно **сидел** человек, не похожий на обыкновенных людей (Чехов); Ему сразу же повезло: в коридоре **стояла** группа офицеров и в центре генерал Сиверс (Грекова). 一种是位于动词之后,如: Я работаю, а Катя **сидит недалеко от меня на диване**, молчит и кутается в шаль, точно ей холодно (Чехов); Табуретка **стояла в проходе между двухэтажными кроватями** в углу комнаты, и один из верхних матрасов отенял весь уголок и крохотную елку от яркости подпотолочных

---

① Гак В.Г. Русский язык в зеркале французского//Русский язык за рубежом, М.,1967, № 3, стр. 39.

② 参见 Гак В.Г. Русский язык в зеркале французского//Русский язык за рубежом, М.,1967, № 3, стр. 40-41.

ламп (Солженицын). 我们认为,当名词间接格形式位于动词之后时,这里动词和名词间接格形式无论在结构层面还是语义内容层面均构成一个整体,名词间接格形式与动词保持着极为密切的关系;而当名词间接格形式位于句首,位于动词之前时,名词间接格形式则成为全句的信息成分,它不取决于动词,具有某种相对的独立性,称之为疏状语更为合适。

带有上述动词的地点方位句在生动活泼的口语中很少使用,它们因带有书面语色彩而经常用于有一定修辞要求的文体中,如科技语体、有修辞任务的文学作品中以便进一步确定地点意义。

第三节　无动词静态句的结构—语义分析

一、主体的表达手段

由于地点方位表示的是自然界中万物存在的一种状态,因此,充当主体的既可以是表示具体人(生物)或物的名词、代词,也可以是名词化的形容词、数名词组等等,主体对于词汇的选择有相对的自由度,不受太多限制。如:

1) Так зачем же медлить и откладывать? **Родители** дома. (Петров)

2) **Порфирий Сергеевич** теперь на ниточке, на крючке у Ивана Митрофоновича, и стоит только ему потянуть за эту ниточку...(Евсеенко)

3) **Я** в Харькове. (Чехов)

4) — А где же тут **самый центр государства**? — спросил Макар нечаянного человека. (Платонов)

5) — Не платок ли? но **платок** в кармане; не деньги ли? но **деньги** тоже в кармане, все, кажется, при нем, а между тем какой-то неведомый дух шепчет ему в уши, что он позабыл что-то. (Гоголь)

6) У товарища Сталина **два сына** на фронте, — сказал брат хозяйки. (Гроссман)

当主体由动物名词或代词充当时，句子形态组织的双部性非常明显。这是因为人称代词和动物名词与表示地点意义的名词间接格形式连用只能构成述谓关系。[①]这时主体既是主语又是主题，述体则是谓语和叙题。当主体由表示物的名词表达时，则要与另一类单部限定句区分开来，如：Все как обычно: комод, ночник, **сухая пальмовая ветка за иконой** (Катаев). 这时上下文则起一定的区分作用，通常有以下几个区分特征：1、当述体由副词来表示时，句子为双部句，因为副词不表示限定关系，如：В трамвай вошел — обе галоши стояли на месте. А вышел из трамвая — гляжу, одна галоша **здесь, на ноге**, а другой нету. Сапог **здесь**. И носок, гляжу, **здесь**. И подштанники на месте. А галоши нету (Зощенко); 2、当句中有各种不同的情态语气词时，述谓关系则更明显，如：Самовар **давно** на столе, а я тут болтаю (Чехов); 3、句子的叙题是地点方位，如：Дошел до тайги. Тайга **тут же, за нашей избушкой, за кустами** (Белкина); 4、如果句中出现其他称名结构，则为单部句，如：**Высокие липы**, представьте себе. **Скамейка под деревом. Пруд** (Зощенко); **Робкие послушники, тишина, низкие потолки, запах кипариса, скромная закуска, дешевые занавески на окнах** — все это трогало ее, умиляло и располагало к созерцанию и хорошим мыслям (Чехов); **Индийский океан, и желтое небо над морем, и черный корабль**, медленно рассекающий воду. (Гайто Газданов)

[①] Мишина К.И. Безглагольные предложения с обстоятельственными по значению словами в современном русском языке//Уч.зап. МГПИ имени В.И.Ленина. Современный русский язык, М.,1967, стр. 148.

二、述体的表达手段

相对于参照物而言，人和物可以有不同的空间位置，在参照物的上面、下面、内部、外部、前面、后面等等。事物之间纷繁复杂的空间关系的表达方法曾一度成为俄罗斯学者的研究课题。[1]俄语同其他东斯拉夫语言一样，通常有三种空间关系表达手段，即无前置词的名词间接格形式、带前置词的名词间接格形式和副词。从句法学的研究史可以看出，不带前置词的名词间接格形式在用法上越来越受限制，并且其中一些形式逐渐被带前置词的名词间接格形式所取代，变得极不常用。尤其值得一提的是，"在俄语中，任何一种不带前置词的名词间接格形式都有带前置词的名词间接格形式与之对应。"[2]而带前置词的名词间接格形式擅长最精确地表达空间意义，这一方面借助于前置词丰富的意义，另一方面借助于与前置词共同使用的大量名词。在无动词静态句中，述体所表示的地点方位这一空间关系就是由前置词和名词间接格形式（副词）来共同表达的。这里我们分两方面来探讨其表达方法，一是前置词，二是作为参照物的表示具体地点意义的名词。前置词在这类句子中具有具体的、最初的意义。

一）前置词

● 用 у, около, возле 等来表示与参照物的近距离关系，如：

1) Я здесь, **подле тебя**, моя джанечка. (Лермонтов)

2) Я **у порога** белого здания с колоннами, видимо, времен Николая Первого. (Булгаков)

3) Деньги мои были **у Савельича**. (Пушкин)

---

[1] Всеволодова М.В., Владимирский Е.Ю. Способы выражения пространственных отношений в современном русском языке, М., 1982; Безденежных Е.Л. Двусоставные безглагольные предложения в современном русском языке, АКД., М., 1972; Спивакова В.Д. Двусоставные предложения с родительным предложным в предикативной функции в современном русском языке, АКД., М., 1976 и др.

[2] Акатнина Е.Ф. Обозначение пространственных отношений предложно-падежными формами в северо-украинских говорах, АКД., Воронеж,1974, стр.26.

4) Я здесь временно **у приятеля**, который сам за границей, пока в моей квартире ремонт. (Форш)

5) И Володя тут. Они **около ворот**. Как бы они были рады, если бы ты повидалась с ними! (Чехов)

6) ...Я радовалась, что ты не **возле меня** — пусть ужасная судьба минет тебя. (Гроссман)

7) — Я тебя на улице подожду. У меня тачка **возле спортивного шопа**. Белый «Жигуль» — пикап. (Афанасьев)

8) — Элеонор, дорогая, я **возле Крымского моста**...Куда мне дальше? (Афанасьев)

9) — А-а, все уже дома, все **у печки**...(Гроссман)

10) Танк в ста метрах, **у домика с зеленой крышей**! (Гроссман)

在使用前置词у时，如果主体由非动物名词来表达，充当述体的是表示人的动物名词，则除了地点意义以外，还派生出所有关系。[①] 如：И портрет теперь **у твоего племянника** (Гоголь); О чем говорить? Ключи **у него**, я все отдала ему.(Ананьев)

• 用перед, против, впереди来表示在参照物前面，如：

1) Это **против Рахмановского переулка**, во дворе, прямо, потом направо, потом налево, потом подъезд направо, третий этаж. (Чехов)

2) Письмо Татьяны **передо мною**. (Пушкин)

3) Я круто поворачиваю назад...Старуха опять **передо мною**...(Тургенев)

• 用за, сзади来表示在参照物后面，如：

1) Она **за этой дверью**. (Лермонтов)

2) Нет, вот он уже **за слободою**. (Короленко)

[①] 请参看Аношкина Т.Е. О синкретизме членов предложения со значением принадлежности//РЯШ,1981, №2, стр.88–89.

3) — А где он теперь? Умер? — почтительно спросила дама. — Зачем умер...Они **за границей** теперь. (Булгаков)

4) «Витя, я уверена, мое письмо дойдет до тебя, хотя я **за линией фронта и за колючей проволокой еврейского гетто**...» (Гроссман)

● 用под表示在参照物的下面，用над表示在参照物的上面，如：

1) Весь инвентарь зиму и лето — **под открытым небом**. (Овечкин)

2) Итак: лампа горит уютно и в то же время тревожно, в квартире я один-одинешенек, книги разбросаны, а я **под чемоданчиком**. (Булгаков)

● 用между, среди来表示在参照物中间，如：

1) Хутор пана Данила **между двумя горами** в узкой долине, сбегающей к Днепру. (Гоголь)

2) Последний автобус. Я **среди лиц и одежды** двадцатилетней давности. (Бунин)

● 用на, в来表示在参照物表面和其内部，如：

1) Первые керосиновые фонари от нас в девяти верстах **на станции железной дороги**. (Булгаков)

2) Первые, кто опомнился, глянули в шлюминаторы и обнаружили, что самолет — **на картофельном поле**. (Шукшин)

3) Лицом он тоже черный, но чернота эта больше от солнца да от мороза — летом у реки на погрузке, зимой в лесу на валке — круглый год он **на открытом воздухе**. (Распутин)

4) — Вы давно **в институте**? — спросил он, продолжая вяло перелистывать папку. (Искандек)

5) Она позвонила к товарищу Юрисовой, там сказали, что Юрисова **в театре**. (Пильняк)

6) Он **в комнатке**, я при лошадях...(Чехов)

二）参照物的表达方法

有不少学者曾对可以表示空间地点意义的名词按其主题进行了分类[①]，这里尤其值得一提的是弗谢沃洛多娃（М.В. Всеволодова）的分类，她区分出9类可以表示空间关系的名词主题组。她的细致分类后被许多学者引用。我们这里也借用她的分类来分析在无动词静态句中表示地点意义的名词。1、宇宙（包括作为星球的地球），如：Коль скоро есть все основания предполагать, что планетных систем, сходных с Солнечной, в Галактике насчитывается несколько миллиардов, вполне естественно принять, что процесс зарождения жизни и ее эволюции там в общих чертах по своему характеру сходен с тем, что было на **Земле** (Шкловский); Осталось выключить свет — и вы на **Марсе** (С. Ивашко) 2、对大气层、大自然的称谓，方向称谓，陆地基本类型的称谓，基本气候带的称谓等等，如：Весь инвентарь зиму и лето — **под открытым небом** (Овечкин); Лицом он тоже черный, но чернота эта больше от солнца да от мороза — летом у **реки на погрузке**, зимой **в лесу на валке** — круглый год он **на открытом воздухе** (Распутин);...вы живете на севере, и море у вас Белое, а мы **на юге**, у нас море Черное (О. Саркисова); 3、自然景观、水域的类型，如：Она скоро придет. Она **на реке**. Но, Игорь... (В. Шукшин); Он **в горах**, он там, где белеют эти вершины (Л. Карелин); — Мы **в пустыне** Кулихунари, — сказал Стенли. — На окраине бывшего города Свиствил (В. Аксенов); 4、地球作为行政—政治统一体。这其中包括社会的国家组织的类型，行政—区域单位的称谓，国家名称以及其缩写词，如：Глядя на это море, можно сказать: мы **в Крыму** (В.Панова); Сам ты

[①] Всеволодова М.В., Владимирский Е.Ю. Способы выражения пространственных отношений в современном русском языке, М.,1982.

москвич. Но родители **в Канаде**. При посольстве. (И. Мартынов); Хозяева квартиры уже год как **в Америке** (Афанасьев); 5、国家的地理以及行政—政治部分，如具体的省、乡、县等，如：Военная страда окончена, и красноармеец Павел Мохов опять **в родном своем селе Огрызове** (Шишков); У него, понимаешь, родители **в Ленинграде**. — **В Петербурге**, — поправил Ермилов (П. Галицкий); Я не понял вопроса, с которым ко мне обратился негр в длинном пальто, и сказал, что сам ничего не знаю, что я первый день **в Нью-Йорке** (Мильштейн); 6、特殊的区域名称，如种植园的名称、运动场地的名称及墓地等其他功能区域的名称：Первые, кто опомнился, глянули в шлюминаторы и обнаружили, что самолет — **на картофельном поле** (Шукшин); И случилось, что приехала в Донецк какая-то команда — я **на стадионе**, но сижу как на иголках, потому что мне уже пора в цирк (И. Кио); Кто-то меня сажает. Вот мы **на кладбище**. Вот глубокая яма... (В. Новицкая); 7、人的居住地，这可以是城市、乡村；广场、街道；也可以是社会公共场所，如机场、车站等，如：Первые керосиновые фонари от нас в девяти верстах на **станции железной дороги** (Булгаков); В такие тихие летние вечера вся молодежь на **улицах**. (Островский); А он, наконец, включил беспрестанно голосящий мобильник. — Ты **в аэропорту**? (Д. Рубина); 8、建筑物或者其部分，如：Я у **порога белого здания** с колоннами, видимо, времен Николая Первого (Булгаков); — Отец не догадался, что она у вас в крепости? (Лермонтов); Родители **в маленькой комнатке**, дочь — **в проходной** (Г. Шербакова); 9、空间词，如点、区域、边缘等，如：Вот учебник **на краю стола**, толстый, как мошна менялы... (М. Дяченко); Олег вдруг внятно и четко назвал совершенно точные координаты и дал расчет — "через семь минут будем **на точке**" (В. Санин); ... Люсе дали инвалидность, и она **в зоне** (Т. Окуневска).

当然，这种分类还可以更细致地进行下去，限于篇幅也只能列举其中最主要的。值得注意的是，上述的某些名词间接格形式除了表示具体的空间关系以外，还可以表达空间情景关系，即同时指出人所从事的活动，所参与的工作等等，如：— Он где? — Спросил Илья. — **В армии** (Распутин); — Он **в армии**. Уже год, как служит (Арнаутов); Потом папа в гимнастерке, **на фронте** (Лебедева); В квартире тихо: мама **на службе**, Варя и Зоя — **в школе** (И. Грекова).

在无动词静态句中也常用副词形式，它们与名词间接格形式一起丰富着空间意义的表达方法。如：

1) Я — **наверху**, у себя в комнате. (Замятин)

2) — Да он узнает, что она **здесь**? (Лермонтов)

3) Ее нет с вами, а все-таки она **тут**. (И. Грекова)

4) Так зачем же медлить и откладывать? Родители **дома**. (Петров)

5) Пожарный стоял посредине лестницы, ведущей из нижнего отдела замечательной враждебной квартиры, я — наверху этой лестницы, Аксинья в туалете — **внизу**. (Булгаков)

6) — Ты звал, дядюшка, смиренно произнес Арслан, — и вот я **здесь**. (Афанасьев)

无动词静态句最低限度是由两个成素构成，但有些时候也会出现其他成素，比如表示时间意义的成素，如：— Вы, верно, **недавно** на Кавказе? — С год, — ответил я (Лермонтов); Она **весь день** в поле...(Твардовский); Весь инвентарь **зиму и лето** — под открытым небом (Овечкин); Я хочу видеть мир. **Сегодня** я в Туркмении, завтра поеду на Кавказ (Трифонов).

有时在句中也可以出现副词"вдруг",表示主体突然处于一种新的处所,如:— Всегда ты так бесшумно ходить, я вздрагиваю даже: **вдруг** уж ты рядом. (Гроссман) 在无动词静态句中出现的 и, и вот, уже 等语气词可以使静态句产生动态意义,и, и вот 通常位于主体之前,如:

1) Легкий толчок под брюхо — **и** они в воздухе, в сиреневых облаках. (Афанасьев)

2) Кто-то меня сажает. **Вот** мы на кладбище. Вот глубокая яма... (В. Новицкая)

3) Предполагалось зафиксировать наши первые подводные погружения на 8-миллиметровую пленку киноаппаратом АК-8, помещенным в детскую резиновую игрушку. **И вот** мы в Крыму. Техника погружения и ныряния в аквалангах освоена. (В. Суетин)

4) По новому приказу в оркестрах не будет больше контрактников и сверхсрочников. Мы **уже** на стадионе. Александр Павлов только что отработал первую часть последнего на сегодня выступления. (В. Антипин)

5) Дальше небольшой провал — **и вот** он **уже** на улице. (Афанасьев)

6) **И вот** эти страшные немцы не где-то идут, а **уже** здесь, в городе. (Островский)

第四节　无动词静态句的述谓性表达手段及其修辞特色

在无动词句的理论基础中已经提到,无动词静态句的原始形式表达的是陈述式现在时意义,述谓性不是由词法手段,而是通过结构—句法手段,是靠整个句子结构来表达的,也就是通过主体和前置词+名词间接格形式充当的述体直接相连来表达，而其他的时间和情态意义则需要依靠辅助动词"быть"。借助于"быть"，无动词静态句可以表达过去、将来、假设、祈使、应该等意义。理论上，这些语法变体都属于无动词静态句，但某些理论上可行的变体在言语实际中并不多见，有些还是不可能的。

将来时：

1) Оставайся здесь, добровольцы отступают, через две недели наши **будут** в городе. (Газданов)

2) — Ничего, мама, война скоро кончится, я опять **буду** дома. (Газданов)

3) Голицыну не верилось, что через несколько часов он **будет** у себя на даче. (Гранин)

过去时：

1) Его дом **был** рядом. (Солнцев)

2) К обеду они **были** в городе. (Солнцев)

3) Через час они уже **были** на бахче. (В. Шишков)

4) Я на всякий случай коснулся холодной крышки футляра — Книга **была** при мне. (Елизаров).

各种情态意义：

1) **Будь** на ее месте врач-мужчина, Илья Иосифович не стерпел бы, несмотря на покровительство, ее сонного равнодушия к больным... (Л. Улицкая)

2) — Завтра в два часа **будьте** в Летнем саду, и вы увидите нашу встречу. (С. Ауслендер)

3) Если бы я была по-настоящему мощнейшей актрисой, если б во мне был заложен именно этот заряд, я **была бы** на сцене. (М. Варденга)

4) **Если бы** я **был** в Москве, — думал Николай Николаевич, — я бы не дал этому зайти так далеко. (Пастернак)

5) **Быть бы** на полу фиолетовому несмываемому пятну, но тут мой взгляд сфокусировался на Ирочкином букете. (В. Синицына)

6) **Если бы** не вы — быть бы мне на том свете. (Л. Чуковская)

7) **Он был бы** сейчас у себя в деревне, со своими ребятишками, а я лежал бы там...(Петров)

另外,在保持原形的情况下,句子还可以有情态方面的变体,表达愿望、可能、能力的必需性等意义。如:— Вы, **верно**, недавно на Кавказе? — С год, — ответил я (Лермонтов); — Сами же мне говорили, что отец, **возможно**, на фронте. (Симонов)

叶菲莫夫(А.И. Ефимов)指出:"必须在句法中去寻找理解作家独特的个人用词艺术风格的钥匙。"[1]语言大师在用同一种语言来表达思维时所使用的句法结构是千差万别的。这种不同不仅取决于作家的创作特点,取决于所要表现的具体客体,也取决于作家对读者群的考虑等等。有些语言表达手段本身已经具有很强的表现力,无动词句静态句便属于此类。无动词静态句因其具有口语风格的不拘束特点和结构的简洁性,因此具有一定的修辞局限性,在文学作品中常用于描写各种情景。如:

1) В трамвай вошел — обе галоши стояли на месте. А вышел из трамвая — огляжу, **одна галоша здесь, на ноге**, а другой нету. **Сапог здесь**. И носок, гляжу, здесь. **И подштанники на месте**. А галоши нету. (Зощенко)

2) он силится припомнить, что позабыл он, — не платок ли ? но **платок в кармане**; не деньги ли ? но **деньги тоже в кармане**, **все**, кажется, **при нем**, а между тем какой-то неведомый дух шепчет ему в уши, что он позабыл что-то.

---

[1] 转引自 Порецких Т.Д. Предложения с нулевой формой сказуемого в современном русском языке, АКД., Воронеж,1986, стр. 151.

(Гоголь)

3) Пожарный стоял посредине лестницы, ведущей из нижнего отдела замечательной враждебной квартиры, <u>я — наверху этой лестницы, Аксинья в туалете — внизу</u>. (Булгаков)

4) Первые, кто опомнился, глянули в шлюминаторы и обнаружили, что <u>самолет — на картофельном поле</u>. (Шукшин)

作家们借助无动词静态句来营造画面感。虽然这类句子的框架只有两个成素，但却能表达出相当多的内容，这也是无动词静态句的典型特点——用简洁的句式表达准确、形象丰富的内容。另外，对话及作品中的直接引语能赋予描写以形象性、生动性，因此在对话及直接引语中也可见大量的无动词静态句，尤其是表达疑问的静态句，如：Да <u>где</u> же Маша? (Пушкин); — Он <u>где</u>? — Спросил Илья. — <u>В армии</u>. (Распутин); — Вы давно <u>в институте</u>? — спросил он, продолжая вяло перелистывать папку (Искандек); <u>Где</u> же весь мир в день рождения? <u>Где</u> электрические фонари Москвы? Люди? Небо? (Булгаков) — Говорю, часа четыре, — похоронно молвил возница, — что теперь делать? — <u>Где</u> же мы теперь? (Булгаков) 在这类疑问句子中常出现语气词 же，从而赋予句子更强的表情性和确定性。而带 a 的疑问句结构除了其句法构造的特殊性以外还有其语义特性，将其引出的叙述内容与前句相连，如：— <u>А где же</u> тут самый центр государства? — спросил Макар нечаянного человека (Платонов); — <u>А где</u> комендант? Что, я его долго ждать буду? (Островский)

正是借助于无动词静态句，作家们的描写往往不是瞬间的行为，而是史诗般的生活、状态。行为仿佛"溶解"在现象和事物里面，从而不需要用动词来表示。

第六章
无动词句在简单句体系中的位置

认知语言学提出了"范畴化的典型理论",该理论认为,实体的范畴化是建立在好的、清楚的样本之上,然后将其他实体根据它们与这些好的、清楚的样本在某些或一组属性上的相似性而归入该范畴。这些好的、清楚的样本就是"典型"。①巴巴依采娃在其专著《俄语语法中的过渡现象》②中也指出,在现代语言系统中,在对立的典型范畴间存在着带有边缘环节及中间环节的综合区域。这就是说,在一个范畴内各成员间的"范畴属性"强弱程度不等,成员间有典型的、不太典型的、非典型之分,两个范畴之间可能有中间地带或过渡现象。从这个角度来观察简单句可以发现,在该范畴内也有典型结构(核心结构)和边缘结构之分。

动词作为词类在俄语中具有特殊性。它可以靠自身的形态变化表达时间、情态和人称意义,所以在句子以及篇章中起到组织核心的作用,常常在句子中充当述体,成为句子的结构中心,成为其语法、语义以及交际核心,用来确定整个句子的表达层面和内容层面的基本参数的核心。动词句本身是自足的,它们不依赖上下文,靠其自身的手段便可以表达具体含义。正是这种特殊性决定了动词句在简单句体系中的中心位置,这也是语法学界公认的事实。语言学家从不同的侧面,采用不同的术语来

---

① 吴贻翼:"再谈现代俄语中的无动词句",《中国俄语教学》,2000年第2期,第4页。
② Бабайцева В.В. Явления переходности в грамматике русского языка, М., 2000, стр. 3—5.

阐述动词句的特殊地位。动词句同时也是印欧语系中的主要句型。

　　佐洛托娃的句法场理论能展示基本模型句的结构—语义变体的不同趋向,还可以表明句子类型意义在语义上的不同程度的复杂性。句子的句法场可分为中心位置和边缘位置,其中心由表达基本概念和表达关系的基本类型的手段构成,在其周围环绕以边缘的区域,也就是带有补充意义和表情—修辞意义的手段。位于中心位置的是语义和交际上完整的原始模型句,它们首先是通过使用动词形态上的变化而构成的。①这样,动词句便构成句法场的核心。无动词句作为带有补充意义和修辞意义的句型位于边缘。位于中心和边缘的句子的聚合体形式也有不同,通常,离系统的中心越远,其聚合体的可能性越窄。佐洛托娃②在谈到无动词动态句的聚合体形式时讲到,"在这类句子中时间和情态意义不是通过动词的词法手段来表达,而是通过结构—句法手段。"也正是这种特色使得这类句子成为相联系的句法结构,使其在系统中相对于占有中心位置的自由结构而言占有边缘位置。

　　还可使用"形义同质句"③(изосемические предложения)与"非形义同质句"(неизосемические предложения)这两个术语来解释语言中的中心和边缘现象。这两个术语来源于词法。众所周知,动词和名词是两大词类范畴,也是认知的两大语义范畴,名词指称事物,动词表示动作行为,这是词汇、语法和语义的一致体现,佐洛托娃称其为"形义同质词(изосемические слова)",即词的范畴意义和该词类的范畴意义一致,但当词的

---

① 鲍红:"Г.А.Золотова的理论体系",《中国俄语教学》,2000年第3期,第15—16页。
② Золотова Г.А. и др. Коммуникативная грамматика русского языка , М.,1998, стр.184.
③ 参见 Золотова Г.А. О принципах классификации простого предложения//Актуальные проблемы русского синтаксиса, М., 1984; Всеволодова М.В. Синтаксемы и строевые категории предложения в рамках функционально-коммуникативного синтаксиса//Вестник Московского университета. Сер.9. Филология, 2000, №1.

范畴意义和该词类的范畴意义不一致时,如当名词不是指称事物,而是表示行为、状态,数词不是表示数量,而是表示特征,这就构成"非形义同质词(неизосемические слова)",表示动作、行为意义的动名词便是非形义同质词,又称"隐喻体现"①,也就是通过名词的语法范畴来体现动词(动作、行为)的语义特征,如:приезд отца, решение матери. 在词类中形义同质词构成中心,非形义同质词构成边缘。那么,相应地在句法中,在俄语句子的整个体系中"形义同质句"是指这样一些模型,其述体在词类系统中获得相应的词法规范。其中形义同质结构是基本句型,构成俄语句法体系的中心,而非形义同质结构占边缘位置。形义同质句和非形义同质句构成句法同义结构。这样一来,动词句作为表示行为意义的形义同质句在简单句体系中占据着中心位置,而无动词句的位置,正如佐洛托娃所讲:"如果带有动词的表示行为的形义同质句……构成句法系统的核心或者中心的话,那么,不用动词参与便可表示行为,并且带有语义添加成分的非形义同质结构则占据边缘层次,这中间也包括基本模型的富有表现力的和开始意义的变体。"②至于无动词句,可以这样讲,在任何(至少是印欧语系中)一门语言中都有足够的理由将它放置在句法结构的边缘位置。但这类句子在大量的、典型的构成核心句型的动词句背景下非常引人注意。

我们在这里采用巴巴依采娃的过渡性理论来详细分析具有相近结构成素的动词句、不完全句、无动词静态句、无动词动态句和非动词句的句法地位。依据句子对动词和上下文的依赖程度可以将动词句(类型句 **Отец поехал в город**)、不完全句(类型句 **Отец поехал в город, а мать — в деревню**)、无动词静态句(类型句 **Отец в городе**)、无动词动态句(类型句 **Отец в город**)

---

① 参见范文芳:"名词化隐喻的语篇衔接功能",《外语研究》,1999年第1期,第9—10页;朱永生:"名词化、动词化与语法隐喻",《外语教学与研究》,2006年第2期,第83页。
② Золотова Г.А. Коммуникативная грамматика русского языка, М.,1998, стр.184.

和非动词句(类型句 **Отец из города, а мать деревенская**)用过渡率做一分析。其中动词句和非动词句作为结构—语义完整的句型几乎得到所有语言学家的认可，作为两大类截然不同的句式它们占据过渡率的两端 **А** 和 **Б**①。不完全句、无动词静态句和无动词动态句分别处于 **Аб**、**АБ**、和 **аБ** 位置。这五类句子具有十分相似的结构，都含有表示地点或方位意义的名词间接格形式，但它们在句中的作用却不相同，表达的语义内容也不一样，述谓性的表达、聚合体形式也有很大差别。

　　动词句，尤其是有运动动词参与的句子非常典型②，暂举几例：Егорушка <u>слез с передка</u> (Чехов); Ничего, скоро <u>до места доедем</u>, — зевнул Пантелей (Чехов); Ребята <u>пошли по избам</u>, а двое при лошадях остались. (Чехов) 动词句述谓性的表达主要依靠动词的词形变化，其聚合体形式得到全部体现。如：Куда мы идем? — впервые с тайной тревогой спросил Костя (Быков); Потом <u>мы шли</u> по переходу, через арку огромного темного дома, по снежному переулочку к серой пятиэтажке (Варденга); Мы будем приходить к лучшим инженерам мира, <u>мы будем идти</u> туда, где они есть (Попов); — Ради бога, <u>сходи</u> к Лизе и посмотри на нее. С ней что-то делается (Чехов); <u>Я бы сама поехала</u>, но я женщина. Не могу...(Чехов); Я вскакиваю, торопливо одеваюсь и осторожно, чтобы не заметили домашние, выхожу на улицу. <u>Куда идти</u> (Чехов); <u>Приди он</u> в клинику вместо меня, и ты сегодня была бы

---

① 关于动词句和非动词句的划分详见本书第三章第四节"无动词句的界定及其范围"。
② 参见 Всеволодова М.В., Владимировский Е.Ю. Способы выражения пространственных отношений в современном русском языке, М., 1982; Лексико-семантические группы русских глаголов: учебный словарь-справочник, Сведловск,1988; Сирота Р.И. Лексико-синтаксическая сочетаемость глаголов движения-перемещения предмета в пространстве в современном русском языке, АКД., М., 1968; Ибрагимова В.Л. Семантическое поле глаголов движения в современном русском языке, АКД., Уфа, 1975 等。

счастлива. (Л. Зорин)

占据Аб环节的是已经讨论过的不完全句①，如：— Сегодня я переночую у вас, а завтра поеду к Клавдии Николаевне — давно уж мы с ней не видались, а послезавтра опять **к вам** и проживу дня три-четыре (Чехов); Здесь тропы первый раз разделились: одна **пошла вверх по реке, другая — куда-то вправо** (Арсеньев); Не обращая ни на кого внимания, **он пошел** к калитке. **За ним сестра и Климка** (Островский); — Я сейчас **пойду к Сухарько. С ней в депо**. (Островский) 从上面的例子可以看出明显的动词谓语的省略，句中所缺少的动词成分依靠上下文得到填充。

占据АБ环节的是无动词静态句，如：Я **в Харькове** (Чехов); Дяденька и отец Христофор теперь **в номере**, — продолжал Дениска, чай пьют. (Чехов) 我们将其纳入过渡率的中间环节是因为这类句子兼有动词句和静词句（非动词句）的特点，该特点尤其体现在借助于"быть"来表达现在时以外的其他时间及情态意义的句子中，如：Мы **будем** далеко (Солнцев); Конверт с долларами **был** на месте (Солнцев); Если бы Ниночка **была бы здесь**, я готов был бы мести улицы, только бы не ехать туда. (Студенцов) 因此，维诺格拉多夫称之为"动词性静词类（глагольно-именные）句子"。他指出："包含半实体动词的静词类句子的一些类型与动词句相近似，可以称之为动词性静词类句子。"②

占据аБ环节的是无动词动态句，这类句子与非动词句有区别，又与动词句相对应，如：— Я сегодня **из Полтавы**, — ответил Иван Никифорович (Гоголь); — Я ведь сейчас не **из**

---

① 在这里只列举与本书所研究的无动词句密切相关的不完全句。
② Виноградов В. В. Основные вопросы синтаксиса предложения (на материале русского языка) // Вопросы грамматического строя: Сб. Статей. М., 1955, стр. 394.

дому, — бормочет Иван Матвеевич, нерешительно развязывая шарф. (Чехов) 无动词动态句与不完全句的最大区别是其不依靠上下文便可获得语义的完整,与非动词句的区别则是表达的类型意义不同,无动词动态句表达的是各种行为,而占据Б环节的非动词句常常对出身等做限定,尤其是以用前置词из的结构居多。如:Я здешний, **из городка**, я только и ждал, чтобы вы пришли (Островский);...да и народ возле речки вроде бы свой, **из Верхних и Нижних Холмов** (Евсеенко); — Ты здешний, отец ? — спросил он Великанов. — Не, я **из-за Припяти** (Паустовский); А она, может, **из бедной семьи** (Зощенко); — Я тебя спрашиваю: ты кто? — повторил Дымов. — Я-то? — встрепенулся неизвестный. — Константин Звоиык, **из Ровного**, отсюда версты четыре (Чехов); Мама была отсюда, **из этого поселка**, выросла здесь, а папа городской. (Распутин) 句中名词间接格形式的限定功能在下列定语句中表现得更加明显,如: — Кто это? — Некто Муффель, барон, **камер-юнкер из Петербурга** (Тургенев); — Кем запечатан? — Эртус Александр Абрамович **из комитета**...(Булгаков) аБ环节的无动词动态句没有完整的聚合体形式,而Б环节的句子有完整的聚合体形式。

我们用过渡率来分析这五类句子,从历时的角度看与由基本句型和派生句型的理论[①]有些相似。尤尔琴科指出,由基本句型(双部动词句)演变为双部静词句的过程分为四个阶段。零位(隐蔽)阶段——双部动词句,在这类句子中由于这种或那种原因(动词后成分上落有逻辑重音,动词谓语信息上的不充分或语义上的不完整等等)动词后成分存在的必要性相当明显;由于这

---

① В.С. Юрченко, Структура предложения и система синтаксиса//ВЯ., 1979, №4. 汉语译文见张会森译:"句子结构和句法体系",载《苏联当代俄语句法论文选》,上海外语教育出版社,1983年。

个缘故，类似的句法结构接近于双部静词句(**Он вошел в пальто и в шляпе**)；第一阶段——双部句，在这种句子中通常用作独立谓语的实体动词起系词作用，静词成分用于谓语第一格或第五格形式(**Он уснул больной, а проснулся здоровый**)；第二阶段——双部静词句，其中的动词是半实体系词(**Он стал инженером**)；第三阶段——带有系词**быть**的双部静词句(**Он учитель**)。至于无动词句，尤尔琴科认为是在此过程中出现的"副产品"。

  但我们采用过渡率来分析这五类句子的主要目的不是证明句子一定是从 **А** 过渡到 **Б**，从动词句演变为非动词句，而是从共时的角度来揭示这五类在语言中共存的句子的典型特征，从而有助于我们更细微地看出这些句子的区分性特征和句子之间的相互联系。

  采用过渡性理论阐述这五类句子和借鉴句法场理论有异曲同工之处。如果以句子结构是否出现动词为标准，那么动词句和非动词句作为具有典型的区分性特征的句型分别占据两个句法场的核心位置。无动词静态句因其兼有动词句和静词句的特点而处于交叉地带，无动词动态句无论对于动词句，还是非动词句而言都处于边缘地带。其实，在无动词句内部也同样可以区分出典型结构和不太典型的结构，相对于动态句而言，无动词静态句处于边缘位置，称这类句子为边缘无动词句更合适。当然，在无动词动态句中也不是所有句型都一样，也有核心结构和不太典型的边缘结构，表示运动行为的句子构成中心句型，无动词言语句、转交句和动作句则构成边缘句型，这与名词间接格形式获得述体意义的早晚相关，状语比补语的述谓性要明显，较早获得述体意义。这样看来，过渡现象是语言中的普遍现象。

  无动词句虽然在简单句体系中处于边缘位置，但是语言手段并没有优劣好坏之分，它们一起肩负着表达人们思想、充当履行人们交际手段的重任，正是这多种多样的表达方式丰富着我们的语言。

结 论

　　语言现象是纷繁复杂的,由于无动词句在语言学界尚属有争议的问题,还不能对其归属下一个绝对论断。本书只是在研读了大量相关学术著作以及与多位专家学者切磋的基础上提出无动词句的理论体系。通过对俄语中无动词句的两大类型——动态句和静态句存在的理论基础、形成源泉以及结构—语义和修辞特色的综合分析,可以得出以下结论:

　　1. 无动词句是结构—语义均完整的完全句。无动词句地位的确立与名词间接格形式功能的扩张密切相关。名词间接格形式在句中不仅可以充当各种限定成分,如今也具备了履行述体功能的条件。可以推断,随着语言的不断变化(尽管这种变化极为缓慢),无动词句会被更多的学者接受,因为就连对无动词句的结构—语义完整性提出过怀疑的学者也指出:"……并不排除,随着时间的推移它们会成为完全句的独立类型。"[①]

　　2. 无动词句因其结构构成、语义内容和修辞特色在简单句体系中处于边缘位置。尽管我们认为无动词句已经构成完全句,但与动词句相比,不可否认其在述谓性表达、聚合体形式以及在篇章应用中具有一定的局限性。因此,在简单句体系中,在大量应用动词句的背景下,无动词句处于边缘位置,但这种边缘性并不意味着无动词句在结构——语义层面的"欠缺性",恰恰

[①] Щаднева В.П. Самостоятельны ли безглагольные предложения?//Уч.зап. Тарт.ун-та, вып.896, Тарту, 1990, стр.81.

相反,正是这种边缘性赋予无动词句非常丰富的表情功能,使其与其他类型的句子一起肩负着表达人类思想、感情的重任。同样,在无动词句内部也存在着中心结构和边缘结构。

3. 无动词句是一个正在形成的类型,它具有开放性,其包括的句子类型也会逐渐扩大。本书中只讨论了应用最多,也是引起争议最多的两大类无动词句,但这并不是无动词句的全貌,许多提及的边缘类无动词句以及本书并未涉及的类型,随着语言的不断向前发展,很有可能得到广泛的应用,并获得新的语法、语义、修辞特色,扩大着无动词句的范围。

4. 在语言现象中除了典型的类型,还存在着大量的过渡类型。我们运用巴巴依采娃的过渡性理论和过渡率分析了具有相似结构的动词句、不完全句、无动词静态句、无动词动态句和非动词句在简单句体系中的位置。这种分析方法可以有助于俄语研究者和学习者,尤其是以俄语作为外语的学习者来一目了然地看出上述类型句的区别。与此同时,由于过渡现象是语言中的普遍问题,这种分析方法对其他语言现象的研究也可以起到抛砖引玉的作用。本书主要是对共时过渡现象进行分析,当然,也并不完全否认,随着语言的缓慢变化,在某些语言现象之间会发生历时更替。

5. 本书可以帮助中国的俄语学习者和研究者建立无动词句的理论体系。毋庸置疑,理解和正确运用无动词句对中国的俄语学习者来讲有一定的难度,这一方面与教学方法相关,比如在汉语中没有动词的如此多的词形变化形式而使动词成为中国学生最难掌握的词类,使得教师在平时教学中过多地强调了动词的作用;另外,对于外语学习者来讲,接触的课文、阅读的小说大都属于文语,如何在适当的场合运用生动活泼的口语句型,尤其是无动词句也不是易事。另一方面,在汉语中很少使用无动词句(在英语中也是如此①),并且无动词句(如:Отец в город)对于俄语学习者来讲很容易引起歧义,究竟是父亲回家,还是父亲给家里打电话或写信?本书通过对无动词句的语言机制进行多角度地揭示,可以使学习者和研究者不但理解和接受这些句子,而且学会在合适的场合运用这些富有表现力的句式。

当然,本书对无动词句的理论问题也有认识得不够全面、深刻的地方,对两大类无动词句,尤其是静态句也有分析得不透彻之处,对某些类型也只进行了粗线条的描写,请读者多多指正。

---

① Рич. Э, К вопросу о преподавании эллиптических конструкций студентам-филологам университетов США//Русский язык за рубежом,1991, №2, стр.76

参考文献

1. Абдуллаев Х.Н., Валентные свойства отглагольных существительных в современном русском языке, АКД., Ташкент, 1987.
2. Абрамович Г.А., Язык литературного произведения. Введение в литератураведение, М., 1970.
3. Агамджанова В.И., Контекстуальная избыточность лексического значения слова, АКД., Рига, 1977.
4. Адмони В.Г., Основы теории грамматики, М., 1964.
5. Адмони В.Г., Безглагольные предложения в современном немецком языке// МГПИИ, вып.91, 1975.
6. Адмони В.Г., Введение в синтаксис современного немецкого языка, Л., 1955.
7. Адмони В.Г., Двучленные фразы в трактовке Л.В. Щербы и проблемы предикативности//ФН., 1960, №1.
8. Адриан.Э, Влияние системы языка и конструкции на высказывания без глагольного предиката//Новое в зарубежной лингвистике, вып.15, М., 1985.
9. Айрапетова И.Р., Эллиптическое предложение в тексте (на материале английского и русского языков), АКД., М., 1992.
10. Акатнина Е.Ф., Обозначение пространственных отношений предложно-падежными формами в северо-украинских говорах, АКД., Воронеж, 1974.
11. Акимова Г.Н., Новое в синтаксисе современного русского языка, М., 1990.
12. Акимова Г.Н., Новые явления в синтаксическом строе современного русского языка, Л., 1982.

13. Акулова К.П., Эйхбаум Г.Н., Об именном сказуемом в современном немецком языке//ФН., 1962, №4.
14. Александров Н.М., Проблема второстепенных членов предложения в русском языке, Л., 1963.
15. Александров Н.М., О предикативном отношении//Теоретические проблемы синтаксиса современных индоевропейских языков, Л., 1975.
16. Андреева Е.Д., Двусоставные безглагольные предложения в современном французском языке, АКД, М., 1964.
17. Андреева Е.Д., Эллиптичность безглагольных предложений//Уч.зап. Кишиневского гос.унта., т.77, Кишинев, 1966.
18. Аношкина Т.Е., О синкретизме членов предложения со значением принадлежности//Русский язык в школе, 1981, №2.
19. Апресян Ю.Д., О сильном и слабом управлении//ВЯ., 1964, №3.
20. Апресян Ю.Д., Типы синтаксического отсутствия в русском языке// Проблемы семантики предложения: выраженный и невыраженный смысл, Красноярск,1986.
21. Арват Н.Н., Об аспекте лексического наполнения структурной схемы предложения//Теоретические проблемы синтаксиса современных индоевропейских языков, Л., 1975.
22. Аржанова И.А., Функционально-коммуникативные и лингвистические функции эллиптических конструкций в современной художественной литературе на английском языке, АКД, М.,1999.
23. Аринштейн В.М., Структура предложения и семантика глагола// Взаимодействие языковых единиц различных уровней, Л.,1981.
24. Арутюнова Н.Д., Бытийные предложения в русском языке//Известия АН СССР, т.35, 1976, №3.
25. Арутюнова Н.Д., Ширяев Е.Н., Русское предложение. Бытийный тип, М.,1983.
26. Бабайцева В.В., Современный русский язык, М., 1997.
27. Бабайцева В.В., Современный русский язык. Синтаксис, Ростов-на-Дону, 1997.
28. Бабайцева В.В. Избранное 1955-2005: Сборник научных и научно-

методических статей, Москва/Ставрополь, Издательство СГУ, 2005.

29. Бабайцева В.В., Односоставные предложения в современном русском языке, М.,1968.

30. Бабайцева В.В., Переходные конструкции в синтаксисе, АДД., Л., 1969.

31. Бабайцева В.В., Русский язык. Синтаксис и пунктуация, М., 1997.

32. Бабайцева В.В., Явления переходности в грамматике русского языка, М., 2000.

33. Балашова С.П., Типовое значение предложения//Спорные вопросы английской грамматики, Л., 1988.

34. Бахтина В.П., Некоторые особенности глаголов речи в русском языке//Уч.зап.Башкирского гос.унта., т.18, 1964.

35. Безденежных Е.Л., Двусоставные безглагольные предложения в современном русском языке, АКД., М., 1972 .

36. Белошапкова В.А., Предложения со значением местонахождения предмета в русском языке//Русское языкознание, вып.7, М., 1983.

37. Бенвенист Э., Глаголы "быть" и "иметь" и их функции в языке//Общая лингвистика, М., 1974.

38. Березин Ф.М., История русского языкознания, М., 1979.

39. Блажо Блажев, Употребление конструкции направления и места в современном русском языке, АКД., София, 1975.

40. Блох М.Я., Факультативные позиции и нулевые формы в парадигматическом синтаксисе//Уч.зап.МПГИ, М., 1970, №422.

41. Божок И.А., Эллиптические предложения в современном русском языке, М., 1989.

42. Большой энциклопедический словарь. Языкознание, М., 1998.

43. Будагов Р.А., Определяет ли принцип экономии развитие и функционирование языка?//ВЯ., 1972, №1.

44. Букаренко С.Г., Отличие двусоставных предложений со сказуемым, выраженным падежной или предложнопадежной формой существительного, от сходных с ними неполных и эллиптических// Лингвистические дисциплины на факультете русского языка и литературы, М., 1973.

45. Булыгина Т.В., Шмелев А.Д., Пространственно-временная локализация как суперкатегория предложения//ВЯ, 1989, №3.

46. Булыгина Т.В., Шмелев А.Д., Референциальные характеристики синтаксических нулевых элементов//Семиотические аспекты формализации интеллектуальной деятельности, М., 1985.

47. Буслаев Ф.И., Историческая грамматика русского языка, изд.5, М., 1959.

48. Бырка М.Г., Эллипсис глаголов говорения в предложении и реализация их функции глаголами иных лексических групп// Функционально-семантический аспект языковых единиц разных уровней, Кишинев,1986.

49. Вейхман Г.А., О двусоставных безглагольных предложениях// ВЯ., 1967, №3,

50. Вейхман Г.А., Признаки неполноты предложения в современном русском языке//ФН., 1962, №4,

51. Верестюк И.В., Вопросы классификации неполных предложений// Вестник Мос.ун-та. сер.9, филология, 1986, №4.

52. Виноградов В.В., Идеалистические основы синтаксической системы проф. Пешковского, ее эклектизм и внутренние противоречия// Вопросы синтаксиса современного русского языка, М., 1950.

53. Виноградов В.В., О категории модальности и модальных словах в русском языке// ТИРЯ.т.2, М-Л.,1950.

54. Виноградов В.В., Основные вопросы синтаксиса в предложении//Сб. вопросы грамматического строя, М., 1955.

55. Виноградов В.В., Русский язык, М.,1947.

56. Виноградов В.В., Синтаксис русского языка академика А.А. Шахматова//Вопросы синтаксиса современного русского языка, М., 1950.

57. Винокур Т.Г., Об эллиптическом словоупотреблении в современной разговорной речи//Развитие лексики современного русского языка, М., 1965.

58. Вопросы коммуникативно-функционального описания синтаксического строя русского языка, М., 1989.

59. Восковойникова А.В., Синонимия предложно-падежных конструкций в современном русском языке, АКД., Киев, 1989.
60. Востоков А.Х., Русская грамматика. ч.2, О словосочетании, Спб., 1831.
61. Всеволодова М.В., Владимирский Е.Ю., Способы выражения пространственных отношений в современном русском языке, М., 1982.
62. Всеволодова М.В., Го Шуфень, Классы моделей русского простого предложения и их типовых значений, М., 1999.
63. Всеволодова М.В., Синтаксемы и строевые категории предложения в рамках функционально-коммуникативного синтаксиса//Вестник Московского университета, Сер.9. Филология, 2000, №1.
64. Гак В.Г., Русский язык в зеркале французского//Русский язык за рубежом, М., 1967, № 3.
65. Гак В.Г., Высказывание и ситуация//Проблемы структурной лингвистики, М., 1972.
66. Галкина-Федорук Е.М., О нулевых формах в синтаксисе//РЯШ, 1962, №2.
67. Гатина А.Э., Неполное высказывание как строевая единица связного текста, АКД., М., 1989.
68. Гвоздев А.Н., Современный русский литературный язык, ч.2, синтаксис, М., 1961.
69. Герасименко Н.А., Грамматическая форма и семантическая структура предложений тождества в современном русском языке, АКД., М., 1981.
70. Гиро-Вебер М, К вопросу о классификации простого предложения в современном русском языке//ВЯ.,1979, №6.
71. Гордеев Ю.М., Система направительных отношений в конструкциях с глаголами движения в русском языке//Синтаксические связи в русском языке, Владивосток, 1974, вып.1.
72. Грамматика русского языка, т.2, ч.1, М., 1954.
73. Грамматика русского языка, т.2, ч.2, М., 1954.
74. Грамматика современного русского литературного языка, М., 1970.
75. Греч Н.И., Начальные правила русской грамматики, Спб.,1833.

76. Гулыга Е.В., Автосемантия и синсемантия как признаки смысловой структуры слова//ФН., 1967, №2.

77. Долин Ю.Т., К теории синтаксического нуля//Русский язык в школе, 1995, №2.

78. Данг Нгок Зиеп, Неполные односоставные предложения в современном русском языке, АКД., М., 1992.

79. Динамика структуры современного русского языка, Л., 1982.

80. Долинина И.Б., Маркировка субъектно-объектных отношений у валентностных категорий английского глагола//Категория субъекта и объекта в языках различных типов, М., 1982.

81. Дручинина Г.А., Локативные синтаксемы в современном русском языке, АКД., М.,1987.

82. Дручинина Г.А., Многозначный глагол "быть"//Русский язык за рубежом, М., 2000, №1.

83. Дубровская Л.А., К вопросу взаимодействия лексико-грамматических свойств глагола и структурно-семантической организации предложения// Семантические классы русских глаголов, Свердловск, 1982.

84. Ерхов В.Н., Вторичная предикативность//Содержательные аспекты предложения и текста, Калинин, 1983.

85. Жаналина Л.К., Язык и речь: оппозиции//Филологические науки, 1996, №5.

86. Засорина Л.Н., Грамматика локативных словосочетаний русского языка, АКД., М., 1977.

87. Засорина Л.Н., Предлоги в предикативной структуре высказывания// Вопросы русского языкознания, МГУ, 1979, вып.2.

88. Зеликов М.В., Эллиптические модели в языках Испании//ВЯ.,1994, №1.

89. Земская Е.А., Русская разговорная речь: лингвистический анализ и проблемы обучения, М., 1979.

90. Золотова Г.А., К вопросу о неполных предложениях//Русский язык: Сб.тр. МГПИ.им.В.И. Ленина, М.,1975.

91. Золотова Г.А., К понятию предикативности//Теоретические проблемы синтаксиса современных индоевропейских языков, Л.1975.

92. Золотова Г.А., К построению функционального синтаксиса русского языка//Проблемы функциональной грамматики, М., 1985.

93. Золотова Г.А., Коммуникативные аспекты русского синтаксиса, М., 1982.

94. Золотова Г.А., О взаимодействии лексики и грамматики в подклассах имен существительных//Сборник статей Памяти академика В.В. Виноградова, М., 1971.

95. Золотова Г.А., О модальности предложения в русском языке//ФН, 1962, №4.

96. Золотова Г.А., О принципах классификации простого предложения//Актуальные проблемы русского синтаксиса, М., 1984.

97. Золотова Г.А., О роли глагола в структуре предложения//Русский язык за рубежом,1981, №5.

98. Золотова Г.А., О связанных моделях русского предложения//Облик слова, Сборник статей памяти Дмитрия Николаевича Шмелева, М., 1997.

99. Золотова Г.А., О структуре простого предложения в русском языке//ВЯ.,1967, №6.

100. Золотова Г.А., Очерк функционального синтаксиса русского языка, М., 1973.

101. Золотова Г.А., Перфект и перфектив: лексика, грамматика, функция// Научные доклады филологического факультета МГУ, вып.3, М., 1998.

102. Золотова Г.А. и др., Коммуникативная грамматика русского языка, М., 1998.

103. Попова И.А., Неполные предложения в современном русском языке// Труды института языкознания, т.2, М., 1953.

104. Ибрагимова В.Л., Семантическое поле глаголов движения в современном русском языке, АДД., Уфа, 1975.

105. Иванова Н.М., Пространственные словоформы в структуре простого предложения, АКД., М., 1979.

106. Иванчикова Е.А., О структурной факультативности и структурной обязательности в синтаксисе//ВЯ., 1965, №5.

107. Игнатченко И.Р., Проблемы изучения русских неполных предложений//

Русский язык за рубежом, 1990, №5.

108. Игнатченко И.Р., Текстообразующие функции неполных предложений в русском языке, АКД., М., 1990.

109. Ильенко С.Г., Персонализация как важнейшая сторона категории предикативности//Теоретические проблемы синтаксиса современных индоевропейских языков, Л., 1975.

110. Имплицитность в языке и речи, М., 1999.

111. Инфантова Г.Г., Нулевые компоненты как способ образования синтаксической формы//Вопросы синтаксиса русского языка, Ростов-на-Дону, 1973.

112. Инфантова Г.Г., О системном подходе к изучению явления экономии в синтаксисе современной русской разговорной речи//Теория и практика лингвистического описания иноязычной разговорной речи, вып. 49, Горький, 1972.

113. Исаченко А.В., Глаголы движения в русском языке//Русский язык в школе, 1961, №4.

114. История лингвистических учений, М.,1999.

115. Калинин А.А., Некоторые особенности параллельного предикативного употребления предложно-падежных словоформ и относительных прилагательных//Грамматические категории и единицы: синтагматический аспект, Владимир, 1997.

116. Камалова А.А., Семантические типы предикатов состояния в системном и функциональном аспектах, АДД., Уфа, 1999.

117. Каменская О.Г., Логинова Г.С., К вопросу об эллиптических предложениях в современном русском языке//Серия филологии, 1997, №1.

118. Кан Ю.Н., Предикативное употребление предложно-падежных сочетаний в современном русском языке, АКД., М., 1965.

119. Категория бытия и обладания в языке, М., 1977.

120. Кацнельсон С.Д., К понятию типов валентности//ВЯ.,1987, №3.

121. Кацнельсон С.Д., Типология языка и речевое мышление, Л., 1972.

122. Кашина С.В., Предложения без финитной формы глагола в модально-прагматическом аспекте, АКД., Орел, 1998.

123. Кибардина С.М., Основы теории валентности, Вологда, 1979.
124. Клепикова И.А., Валентность и структура диалогического текста, АКД., М., 1995.
125. Кныш О.Н., Экзистенциальные предложения в современном русском языке, АКД., Воронеж, 1990.
126. Кодухов В.И., Контекст как лингвистическое понятие//Языковые единицы и контекст, Л., 1973.
127. Кожевникова Е.В., Система предложно-падежных конструкций в газетно-информативных текстах, АКД., Спб., 1997.
128. Козырев В.И., Актуализационные признаки безглагольных побудительных высказываний в современном русском языке, АКД., Л., 1983.
129. Козырев В.И., Модальная характеристика безглагольных побудительных высказываний в современном русском языке//Функциональный анализ грамматических аспектов высказывания: межвузовский сборник научных трудов, 1985.
130. Кокорина С.И., Структурно-семантическая типология конструкций с глаголом "быть"//Преподавание русского языка студентам и специалистам нефилологического профиля, М., 1978.
131. Колосова Т.А., Русские сложные предложения асимметричной структуры, Воронеж, 1980.
132. Колосова Т.Н, Лексико-семантическая группа глаголов передачи объекта в современном русском языке, АКД., Спб., 1997.
133. Колшанский Г.В., Контекстная семантика, М.,1980.
134. Колшанский Г.В., Проблемы коммуникативной лингвистики//ВЯ, 1979, №6.
135. Копотев М.В., Безглагольные предложения в истории русского языка, КД., Петрозаводск, 1999.
136. Коретникова Л.И., Эллиптические конструкции и их взаимодействие с текстом (на материале разных функциональных стилей русского и английского языков), АКД., Саратов, 1999.
137. Коссек Н.В., К вопросу о лексической сочетаемости//ВЯ., 1966, №1.
138. Кочерган М.П., К вопросу о разграничении терминов сочетаемость,

дистрибуция, валентность//Лингвистика: взаимодействие концепций и парадигм, в.1, ч.1, Харьков, 1991.

139. Краткий справочник по современному русскому языку, М., 1995.

140. Кржижкова Е., Адвербиальная детерминация со значением места и направления//ВЯ.,1967, №2.

141. Кудимова В.Н., Структурно-семантическая соотносительность полных и неполных предложений в современном русском языке, АКД., Киев, 1980.

142. Кузнецова Э.В., Русские глаголы "приобщения объекта" как функционально-семантический класс слов, АДД., М., 1974.

143. Кузьмин В., Способы выражения объекта при глаголах речи в современном русском языке//Вопросы синтаксиса русского языка, Ростов-на-Дону, 1973.

144. Лаптева О.А., Типология вариативных синтаксических рядов в аспекте функционирования литературного языка//ВЯ.,1984, №2.

145. Лекант П.А., Безглагольные двусоставные предложения в современном русском языке//Уч.зап. Бийского государственного педагогического института, вып.2., 1958.

146. Лекант П.А. О некоторых вопросах структуры предложения//Уч. зап. МОПИ, т. 148, 1964.

147. Лекант П.А., Глагол и предложение//Восточные славяне: языки, история, культура, М., 1985.

148. Лекант П.А., Об эллиптических предложениях в русском языке// Ученые записки, т. 108, МОПИ имени Н.К. Крупской, 1964.

149. Лекант П.А., Предикативная структура предложения//Средства выражения предикативных значений предложения, М., 1983.

150. Лекант П.А., Предложение и высказывание//Строение предложения и содержание высказывания, М., 1986.

151. Лекант П.А., Продуктивные типы безглагольных односоставных и двусоставных предложений в современном русском языке, М., 1959.

152. Лекант П.А., Синтаксис простого предложения в современном русском языке , М., 1986.

153. Лекант П.А., Эллипсис как проблема синтаксиса и фразеологии//Уч.

зап.МОПИ.имени Крупской, т.160, 1966.

154. Лекант П.А., Типы и формы сказуемого в современном русском языке, М., 1976.

155. Леонтьев А.А., Язык. Речь. Речевая деядельность, М., 1969.

156. Леонтьева Н.Н., Анализ и синтез русских эллиптических предложений//НТИ, М.,1965, №11.

157. Литвин Ф.А., О степенях предикативности//ФН, 1984, №4.

158. Лиу Канг-Йи, Синтаксические дериваты от глаголов движения (семантико-синтаксический аспект), АКД., М., 1999.

159. Ломоносов М.В., Российская грамматика, полное собрание сочинений, т.7, М., 1952.

160. Ломтев Т.П., Очерки по историческому синтаксису русского языка, М., 1956.

161. Ломтев Т.П., Предложение и его грамматические категории, М., 1972.

162. Лопатин В.В., Глаголы пространственного расположения предмета, их словообразовательные и семантические связи//Словарь. Грамматика. Текст. М., 1998.

163. Любомищенко Т.М., Предикативность и модальность неполных предложений в современном русском языке, АКД., Таганрог, 1997 .

164. Маляров В.Г., Конструктивная значимость предикатов локализации и их окружения в простом предложении//Синтаксис простого предложения, Л.,1972.

165. Маляров В.Г., О коммуникативной значимости глаголов движения и пространственного положения и реализации их направленности на уровне функциональной перспективы предложений//Синтаксис простого предложения, Л., 1972.

166. Масленникова А.А., К вопросу о классификации скрытых смыслов в грамматике и тексте//V всесоюзная школа молодых востоковедов, тезисы, т.2, языкознание, М., 1989.

167. Маслов Ю.С., Введение в языкознание, М., 1998.

168. Мельникова Е.А., Синтаксические конструкции с глаголами речи в современном английском языке, АКД., Спб., 1992.

169. Мельчук И.А., О семантическом нуле//Типология пассивных

конструкций, М., 1974.

170. Мидзутани Дзюн, Предложения-высказывания с семантикой "состояния" в современном русском языке, АКД., М., 1997.

171. Михайлова Л.В., Принцип определения смыслового эллипсиса в тексте(на материале технических учебных текстов), АКД., М.,1987.

172. Михайлова Т.В., Особенности восполнения эллиптических конструкций, АКД., Тверь, 1997.

173. Михеев А.В., Лингвистический статус эллипсиса в тексте, АКД., М., 1982.

174. Мишина К.И., Безглагольные предложения с обстоятельственными по значению словами в современном русском языке//Уч.зап.МГПИ имени В.И.Ленина. Современный русский язык, М., 1967.

175. Мишина К.И., О некоторых случаях соотношения глагольных и безглагольных конструкций в русском языке//Уч.зап.МГПИ имени В.И.Ленина. Современный русский язык. М., 1967.

176. Москалева И.П., К вопросу эксплицитного и имплицитного выражения грамматических значений (на материале категории модальности немецкого языка)//Текстообразующие средства современного немецкого языка, М., 1985.

177. Москвитина Л.И., Формально-семантическая организация и функционирование эллиптических предложений., Спб., КД, 1995.

178. Мухин А.М., Еще раз о неполных предложениях//Теория и практика лингвистического описания иноязычной разговорной речи, Уч.зап. вып.49, Горький, 1972.

179. Мухин А.М., Валентность и сочетаемость глаголов//ВЯ, 1987, №6.

180. Нгуен Нгок Тиеп, Функциональные особенности предлогов в современном русском языке, АКД., М., 1990.

181. Нефедова Л.А., Эллипсис в акте коммуникации//Научные труды МГПИИЯ, сборник научных трудов, М.,1981, вып.177.

182. Нехорошина А.В., Двусоставные безглагольные предложения с бытийным значением в современном русском языке//Уч.зап. Вологодского пед.инта., т.22, 1958.

183. Никитин В.М., Глаголы с обязательным дополнением или

обстоятельством//Вопросы грамматики и лексики современного русского языка, Уч.зап.т.25, выпуск кафедры русского языка, Рязань, 1959.

184. Никитин В.М., Сходные элементы обстоятельства и составного сказуемого//Вопросы грамматики и лексики современного русского языка, Уч.зап.т.25, выпуск кафедры русского языка, Рязань, 1959.

185. Никитин В.М., Эллиптичность разговорной речи и основные типы эллипсисов//Теория и практика лингвистического описания разговорной речи, Горький, 1968.

186. Овсянико-Куликовский Д.Н., Из синтаксических наблюдений, Спб, 1901.

187. Падучева Е.В., Чвани К.В., О синтаксической структуре предложений с глаголом "быть" в русском языке//Грамматика русского языка в свете генеративной лингвистики. Реферативный сборник. М.,1977.

188. Пазухин Р.В., Язык, функция, коммуникация//ВЯ.,1979, №6.

189. Печников А.Н., Словосочетание как синтаксическая единица: пособие для студентов, Ульяновск, 1973.

190. Пешковский А.М., Русский синтаксис в научном освещении, изд.7, М., 1956.

191. Покусаенко В.К., Использование потенциально предикативных сочетаний в функции членов предложения (К вопросу о синкретизме синтаксических единиц)//Вопросы синтаксиса русского языка: сб. статей, Ростов-на-Дону, 1978.

192. Покусаенко В.К., Неполные предложения в современном русском языке, Ростов-на-Дону, 1979.

193. Попов А.С., К вопросу о неполных предложениях в современном русском языке//ФН., 1959, №3.

194. Попова З.Д., Может ли обойтись без учения о членах предложения?//ВЯ.,1984, №5.

195. Попова З.Д., Синтаксическая форма как предмет синтаксиса//Теоретические проблемы синтаксиса современных индоевропейских языков, Л., 1975.

196. Попова И.А., Неполные предложения в современном русском языке//

Труды института языкознания, т.2, М., 1953.

197. Порецких Т.Д., Об одном типе безглагольных вопросительных предложений//Материалы по русско-славянскому языкознанию, Воронеж, 1982.

198. Порецких Т.Д., Предложения с нулевой формой сказуемого в современном русском языке, АКД., Воронеж,1986.

199. Потебня А.А., Из записок по русской грамматике, т.1–2, М., 1958.

200. Почепцов Г.Г., О принципах синтаксической классификации глаголов//ФН., 1969, №3.

201. Почепцов Г.Г., Об обязательном и факультативном окружении//ФН., 1968, №1.

202. Почепцов Г.Г., Прагматический аспект изучения предложения//Иностранные языки в школе, М.,1975, вып.6.

203. Прияткина А.Ф., Эллипсис или смещенная конструкция//Проблемы семантики предложения: выраженный и невыраженный смысл, Красноярск, 1986.

204. Проничев В.П., О значении бытийности в экзистенциальных предложениях//Вестник Ленинградского университета, 1975, №14.

205. Проничев В.П., Типы и модели именных односоставных предложений в современном русском языке, АКД., Л., 1989.

206. Радевич-Винницкий Я.К., Модели категории локальности, АКД., Черновцы, 1974.

207. Распопов И.П., Сказуемое как конструктивный центр предложения//Теоретические проблемы синтаксиса современных индоевропейских языков, Л., 1975.

208. Распопов И.П., О некоторых типичных изменениях в синтаксическом строе предложения//Русский язык в школе, 1976, №3.

209. Распопов И.П., Строение простого предложения в современном русском языке, М., 1970.

210. Рахилина Е.В., К формализации вопросо-ответного отношения (локативные вопросы к глаголам движения)//НТИ, сер.2, №2, 1987.

211. Реунова О., К вопросу о сущности эллипсиса и эллиптических предложений и условий их функционирования//Материалы

межвузовской научно-теоретической конференции аспирантов, Ростов-на-Дону,1967.

212. Реунова О., Причины употребления эллиптических предложений в составе речевого единства//Материалы межвузовской научно-теоретической конференции аспирантов, Ростов-на-Дону, 1967.

213. Рич.Э, К вопросу о преподавании эллиптических конструкций студентам-филологам университетов США//Русский язык за рубежом, 1991, №2.

214. Рич.Э, Эллиптические конструкции русского разговорного синтаксиса (в сопоставлении с английским)//Русский язык за рубежом, 1984, №6.

215. Рословец Я.И., Предложно-падежные формы в предикативной функции в современном русском языке//Уч.зап.МГПИ им.Ленина, русский язык, М.,1960, т.148.

216. Рословец Я.И., Употребление предлогов в формальных значениях в современном русском языке, АКД., 1953.

217. Рубцова В.А., Норма и вариативное управление глаголов//Актуальные вопросы грамматики и лексики (сборник трудов), М., 1976.

218. Русская грамматика, т.2, М.,1980.

219. Русская грамматика, т.2, Academia Praha, 1979.

220. Русская разговорная речь, М., 1973.

221. Сайкиева С.М., Глаголы движения-перемещения в современном русском языке, АКД., Алма-Ата, 1970.

222. Седельников Е.А., Структура простого предложения с точки зрения синтагматических и парадигматических отношений//ФН., 1961, №3.

223. Семантические классы русских глаголов, Свердловск, 1982.

224. Семантические модели русских глагольных предложений, Екатеринбург, 1998.

225. Сергеева Ж.А., О некоторых приемах разграничения предложений со словом "быть" в роли связки и в роли сказуемого//Русский язык в школе, 1975, №2.

226. Сергеева Ж.А., Предложения недифференцированной структуры со словом "быть"//Вопросы синтаксиса русского языка, Ростов-на-Дону, 1971.

227. Сергеева Т.Д., Лексико-грамматические связи глаголов движения на внутриглагольном и межкатегориальном уровне, АКД., Томск, 1977.
228. Сиденко В.Ф., Эллиптизация в диалоге различного вида, АКД., Спб., 1995.
229. Синтаксис и норма, М., 1974.
230. Синтаксис современного русского языка, Филологический факультет Санкт-Петербургского государственного университета, 2013.
231. Сирота Р.И., Лексико-синтаксическая сочетаемость глаголов движения и глаголов перемещения предмета в пространстве в современном русском языке, АКД., М., 1968.
232. Ситдикова Ф.Б., Эллипсис как средство проявления имплицитного (на материале татарского языка)//Языковые уровни и их взаимодействие, изд. Казанского университета, 1990.
233. Сковородников А.П., Безглагольные эллиптические предложения в современном русском языке, АКД., Красноярск, 1967.
234. Сковородников А.П., К вопросу о синтаксическом нуле//Проблемы русского языка и его методики, Красноярск, 1972.
235. Сковородников А.П., Экспрессивные синтаксические конструкции современного русского литературного языка, Томск, 1982.
236. Сковородников А.П., О критерии эллиптичности в русском синтаксисе//ВЯ., 1973, №3.
237. Сковородников А.П., О неполноте эллиптических предложений (в аспекте синтагматики и парадигматики) //Синтаксические структуры. Межвузовский сборник, Красноярск, 1984.
238. Сковородников А.П., Об эллиптических предложениях в современном русском языке//Материалы и исследования по современному русскому языку и его истории, Красноярск, 1967.
239. Сковородников А.П., Экспрессивные синтаксические конструкции современного русского литературного языка, Томск, 1981.
240. Сковородников А.П., Эллипсис как стилистическое явление современного русского литературного языка, Красноярск, 1978.
241. Смирницкий А.И., Синтаксис английского языка, М., 1957.
242. Сова Л.З., Аналитическая лингвистика, М., 1970.

243. Современный русский язык под редакцией В.А.Белошапковой, М., 1989.
244. Современный русский язык, Теоретический курс: Синтаксис. Пунктуация, М., 1997.
245. Солганик Г.Я., Лексики газеты, М., 1981.
246. Солганик Г.Я., Стилистика текста, М., 1999.
247. Соссюр Ф.Д., Заметки по общей лингвистике, М., 2000.
248. Спивакова В.Д., Двусоставные предложения с родительным предложным в предикативной функции в современном русском языке, АКД, М., 1976.
249. Спивакова В.Д., О семантической соотносительности двусоставных предложений с предлогом от в именной части сказуемого//Русский язык, вып.2, Ставрополь,1974.
250. Степанов Ю.С., Имена. Предикаты. Предложения, М., 1981.
251. Степанова М.Д., О внешней и внутренней валентности слова// Иностранные языки в школе, 1967, №3.
252. Стоюнин В., Русский синтаксис, Спб.,1871.
253. Структура предложений в истории восточнославянских языков, М., 1983.
254. Стуколова Г.П., Структурно-смысловое устройство предложений с глаголами говорения, АКД., Воронеж, 1997.
255. Табакова З.П., Структурно-семантические типы безглагольных предложений в современном русском языке, АДД., Алматы, 1994.
256. Теория функциональной грамматики. Локативность. Бытийность. Посессивность. Обусловленность. Спб., 1996.
257. Тер-Абрамова В.Г., К вопросу об эллиптических конструкциях в языке современной научной прозы//Проблемы сверхфразовых единств, Уфа, 1982.
258. Тихонова В.В., Грамматическая и семантическая структура двусоставных предложений с бытийным значением, АКД., М., 1990.
259. Тихонова В.В., К вопросу о нулевом бытийном глаголе//Строение предложения и содержание высказывания, М., 1986.
260. Трифонова Н.В., Локальные и бытийные предложения, включающие

локализатор с предлогом "при" в современном русском языке, АКД., Л.,1988.

261. Турасова А.В., Двусоставные безглагольные конструкции в современном русском языке (к вопросу о неполных предложениях), АКД., Л.,1956.

262. Турки Ахмед Мухаммед, Формально-семантическая организация и функционирование эллиптических предложений, АКД., М., 1999.

263. Уфимцева А.А., Типы словесных знаков, М., 1974.

264. Фоменко Ю.В., Семантические классы многоместных глаголов в современном русском языке, АДД.,Ташкент, 1984.

265. Филичева Н.И., Понятие синтаксической валентности в работах зарубежных языковедов//ВЯ., 1967, №2.

266. Фоминых Б.И., Простое предложение с нулевыми формами глагола в современном русском языке и его сопоставление с чешскими конструкциями, АКД., М., 1968.

267. Фортунатов Ф.Ф., О преподавании русского языка в средней школе// Избранные труды, т.2, Учпедгиз, 1957.

268. Хабургаев Г.А., Предложения с нулевым глагольным сказуемым в современном русском языке//Известия Воронежского государственного педагогического института, т.42., 1962.

269. Харченко Н.П., Существует ли языковая единица более высокого уровня, чем предложение?//Спорные вопросы синтаксиса, МГУ., 1974.

270. Хем Чандра Панде, К семантике есть в локативных и посессивных конструкциях//Russian Linguistics, 1981,vol.5, №3.

271. Холодович А.А., Опыт теории подклассов слов//ВЯ., 1960, №1.

272. Цикалова Л.Н., Языковая экономия и эллипсис (к истории вопроса)// Семантико-фонетические и грамматические явления в иностранном языке, Алма-Ата, 1985.

273. Циммерлинг А.В., Обладать и быть рядом//Языки пространств, М., 2000.

274. Чвани К.В., О синтаксической структуре предложений с глаголом "быть" в русском язвке//Грамматика русского языка в свете генеративной лингвистики, М., 1977.

275. Чжоу Хайянь, Двусоставные предложения, построенные по модели «П —(С) —О м»//Исследование языковых единиц в их динамике и взаимодействии, М., Уфа, 2000.

276. Чжоу Хайянь, Двусоставное безглагольное предложение с семантикой местонахождения//Языковая деятельность: переходность и синкретизм, М., Ставрополь , 2001.

277. Чжоу Хайянь, Способы выражения пространственных значений в двухкомпонентных безглагольных предложениях//Сборник научных статей, посвященных юбилею заслуженного профессора МГУ Майи Владимировны Всеволодовой, М., 2013.

278. Чиркина И.П., Проблема неполноты предложения и изучение в вузе // Вопросы синтаксиса русского языка, Калуга, 1969.

279. Чувакин А.А., О структурной классификации неполных предложений//ФН., 1974, №5.

280. Шатуновский И.Б., Предложения наличия vs бытийные и локативные предложения в русском языке//Языки пространств, М.,2000.

281. Шахматов А.А., Синтаксис русского языка, М.,1941.

282. Шведова Н.Ю., Парадигматика простого предложения/опыт типологии//Сб.Русский язык. Грамматические исследования, М., 1967.

283. Шведова Н.Ю., Входит ли лицо в круг синтаксических категорий, формирующих предикативность?//Русский язык за рубежом, 1971, № 4.

284. Шведова Н.Ю., Спорные вопросы описания структурных схем простого предложения и его парадигм//ВЯ., 1973, №4.

285. Шведова Н.Ю., Существуют ли все-таки детерминанты как самостоятельные распространители предложения?//ФН., 1968, №2.

286. Шеин В.Н., Взаимопереходность атрибутивных и предикативных отношений в современном русском языке//ФН., 1988, №2.

287. Ширяев Е.Н., Модели предложений с нулевыми полнозначными глаголами–предикатами//Русский язык за рубежом, 1968, № 4.

288. Ширяев Е.Н., Нулевые глаголы как члены парадигматических и синтагматических отношений, АКД., М.,1967.

289. Ширяев Е.Н., Основы системного описания незамещенных

синтаксических позиций//Синтаксические структуры. Межвузовский сборник, Красноярск, 1984.

290. Шмелев Д.Н., Очерки по семасиологии русского языка, М., 1964.

291. Шульгина В.И., Об определении статуса эллипсиса в лингвистической литературе//Лингвистика: взаимодействие концепций и парадигм, Харьков, 1991.

292. Шутова Е.В., Односоставные предложения в аспекте их синонимичности двусоставным в современном русском языке, АКД., Таганрог, 1998.

293. Щаднева В.П., Самостоятельны ли безглагольные предложения ?//Уч. зап.Тарт.ун-та. вып.896, Тарту, 1990.

294. Щаднева В.П., Текстовый анализ безглагольных эллиптических предложений//Аспекты изучения в целях преподавания русского языка как иностранного, М., 1996.

295. Щерба Л.В, Избранные работы по языкознанию и фонетике, Л., 1958, т.1.

296. Щерба Л.В., О частях речи в русском языке//Избранные работы по русскому языку, М., 1957.

297. Юрченко В.С., Основной тип предложения. Принцип синтаксической деривации//Очерк по философии грамматики, Саратов, 1995.

298. Юрченко В.С., Структура предложения и система синтаксиса//ВЯ., 1979, №4.

299. Юрчерко В.С., Простое предложение в современном русском языке (двусоставное именное, односоставное глагольное, односоставное именное), АДД., Саратов, 1972.

300. Якобсон Р., Избранные работы , М., 1985.

301. J.卡勒：《索绪尔》,中国社会科学出版社,1989年。

302. 安强："零动词谓语句的意义",《外语学刊》,2003年第1期。

303. 鲍红："Г.А.Золотова的理论体系",《中国俄语教学》,2000年第3期。

304. 鲍红："俄语语篇结构中的表情句法手段",《外语学刊》,1998年第2期。

305. 鲍红：《语篇结构中的俄语句法表情手段》,北京大学博士学位论文,1997年。

306. 杜桂枝："俄语动词词汇语义组",《中国俄语教学》,1996年第3期。

307. 范文芳:"名词化隐喻的语篇衔接功能",《外语研究》,1999年第1期。
308. 郭淑芬:"对俄语中表示主体病理状态动词的分析",《外语学刊》,1998年第2期。
309. 郭聿楷:"俄语中动词谓语省略结构",《中国俄语教学》,1982年第2期。
310. 郝斌:"句子的述谓性",《外语学刊》,1988年第2期。
311. 郝斌:"再论'配价'和'题元'",《中国俄语教学》,2004年第3期。
312. 华邵主编:《现代俄语语法新编》下册(句法),商务印书馆,1979年。
313. 黄树南:"俄语句法学说简史",《俄语教学与研究论丛》2,黑龙江大学俄语系学术委员会,1984年。
314. 黄颖:《新编俄语语法》,外语教学与研究出版社,2008年。
315. 姜宏:"俄语口语中的语境及其作用",《中国俄语教学》,1996年第3期。
316. 姜剑云:《言语学概要》,四川出版社,1990年。
317. 康德拉绍夫:《语言学说史》,武汉大学出版社,1985年。
318. 李勤、孟庆和:《俄语语法学》,上海外语教育出版社,2006年。
319. 李勤、钱琴:《俄语句法语义学》,上海外语教育出版社,2006年。
320. 李战国:"关于句子模式理论的产生及其价值",《外语研究》,1991年第4期。
321. 刘利民:"论现代俄语零位动词句",《中国俄语教学》,1991年第2期。
322. 刘晓波、吴贻翼等:《俄语语法·句法》,北京大学出版社,1983年。
323. 吕叔湘:《汉语语法分析问题》,商务印书馆,1979年。
324. 宁琦:"谈建立现代俄语简单句模型的理论基础",《中国俄语教学》,1999年第1期。
325. 宁琦:"现代俄语简单句的结构模式、语义结构及模型",《中国俄语教学》,1998年第4期。
326. 宁琦:"现代俄语简单句模型的变形",《中国俄语教学》,2000年第2期。
327. 宁琦:《现代俄语简单句的模型》,北京大学博士学位论文,1997年。
328. 齐光先:"论俄语句子的述谓性(续完)",《外语学刊》,1992年第6期。
329. 沈家煊:"句式和配价",《中国语文》,2000年第4期。
330. 孙夏南:"论情态性",《中国俄语教学》,1997年第3期。
331. 索绪尔著,高名凯译:《普通语言学教程》商务印书馆,1999年。
332. 唐邦海、熊琦:"英语动词的静态与动态意义及用法",《外语学刊》,1989年第6期。
333. 陶源:"从俄语词的过渡现象谈某些'词类外词'的归属问题",《山东外语教学》,2004年第4期。

334. 王铭玉:"聚合关系的制约因素",《中国俄语教学》,1998年第3期。

335. 邬若蘅:"论诗歌翻译中的组合关系与聚合关系的运用",《解放军外国语学院学报》,2001年第1期。

336. 吴梅:"前置词配价研究",《中国俄语教学》,2011年第3期。

337. 吴梅:《俄汉语句子中过渡现象对比研究》,博士学位论文,上海外国语大学,2009年。

338. 吴贻翼:"俄语中动词的顺向配价和逆向配价",《中国俄语教学》,2000年第3期。

339. 吴贻翼:"试谈动词价值和述体价值",《中国俄语教学》,1989年第2期。

340. 吴贻翼:"试谈俄语句子/表述的述谓性",《中国俄语教学》,1997年第1期。

341. 吴贻翼:"试谈现代俄语中的无动词句",载于《中国俄语教学》,2000年第1期。

342. 吴贻翼:"现代俄语句法研究中的某些重要倾向",《外语学刊》,1988年第3期。

343. 吴贻翼:"再谈现代俄语中的无动词句",《中国俄语教学》,2000年第2期。

344. 吴贻翼:《现代俄语句法学》,北京大学出版社,1988年。

345. 吴贻翼、宁琦:《现代俄语模型句法学》,北京大学出版社,2001年。

346. 肖敏、蔡晖:"试论篇章伴随意义层",《中国俄语教学》,1996年第3期。

347. 徐盛桓:"聚合和组合",《山东外语教学》,1983年第3期。

348. 许崇信:"论俄语语法中的过渡现象",《福建师范大学学报》(哲学社会科学版),1959年第2期。

349. 谢尔巴:《论俄语词类》,北京时代出版社,1957年。

350. 杨喜昌:"试论句子的述谓意义",《中国俄语教学》,2000年第2期。

351. 叶蜚声、徐通锵:《语言学纲要》,北京大学出版社,1996年。

352. 尤尔钦科:"句子结构和句法体系",《苏联当代俄语句法论文选》,张会森译,上海外语教育出版社,1983年。

353. 于雅雯:"俄语口语中的无动词句研究",东北师范大学硕士学位论文,2006年。

354. 袁毓林:《汉语动词的配价研究》,江西教育出版社,1998年。

355. 郐友昌:《俄罗斯语言学通史》,上海外语教育出版社,2009年。

356. 周海燕:"俄语无动词句重论——对无动词句研究中的句法学基本问题的再认识",《中国俄语教学》,2004年第1期。
357. 周海燕:"略谈口语结构在现代俄语报刊标题中的运用",《北京大学学报,外国语言文学专刊》,1997年。
358. 周海燕:"试谈无动词句在简单句体系中的边缘地位",《中国外语类核心期刊(外语与外语教学)学术论丛——外国语言文学研究》,辽宁人民出版社,2002年6月。
359. 周海燕:"透过过渡现象看语言单位的实质及其发展",《中国俄语教学》,2003年第2期。
360. 周海燕:"无动词句的界定及范围",《语言学研究》,第一辑,2002年。
361. 周海燕:"重议不完全句",《中国俄语教学》,2001年第4期。
362. 周海燕:《现代俄语报刊标题的句法结构及其发展》,北京大学硕士论文,1996年。
363. 朱永生:"名词化、动词化与语法隐喻",《外语教学与研究》,2006年第2期。

例子出处

1. Айтматов Чингиз, Плаха, Алма-Ата, 1987.
2. Бабель И., Вечер у императрицы//Антология советской прозы 1920–1940, М.,1991.
3. Белый М., Москва//Антология советской прозы 1920–1940, М., 1991.
4. Булгаков М., Избранное, М., 1988.
5. Булгаков М., Собачье сердце//Антология советской прозы 1920–1940, М., 1991.
6. Гайто Газданов, Вечер у Клэр. Ночные дороги, Спб., 2000.
7. Гончаров Н., Избранное сочинение, М.,1990.
8. Горький М., Савва Морозов//Антология советской прозы 1920–1940, М., 1991.
9. Гроссман В., Жизнь и судьба, М., 1990.
10. Журналы и газеты: Роман-газета; Нева; Аргументы и факты; Комсомольская правда; Известия; Правда; Литературная газета и др.
11. Замятин Е., Мы//Антология советской прозы 1920–1940, М.,1991.
12. Зощенко М., Возвращенная молодость, Голубая книга, Перед восходом солнца, Л.,1988.
13. Зощенко М., Гримаса нэпа//Антология советской прозы 1920–1940, М.,1991.
14. Зощенко М., Рассказы. Повести, Высшая школа, 1979.
15. Катаев В., Вещи//Антология советской прозы 1920–1940, М., 1991.
16. Короленко В., Сибирские рассказы и очерки, М., 1987.
17. Леонов Л., Бурыга//Антология советской прозы 1920–1940, М., 1991.
18. Лермонтов М., Сочинение , т.1–2 , М., 1990.

19. Мандельштам О., Тенишевское училище//Антология советской прозы 1920–1940, М., 1991.
20. Овечкин В., Собрание сочинений, т.1, М., 1989.
21. Олеша Ю., Любовь //Антология советской прозы 1920–1940, М.,1991.
22. Островский Н., Как закалялась сталь, М.,1989.
23. Пильняк Б., Рождение человека//Антология советской прозы 1920–1940, М.,1991.
24. Платонов А., Усомнившийся Макар//Антология советской прозы 1920–1940, М.,1991.
25. Пушкин А., Сочинения в трех томах, М.,1986.
26. Распутин В., Последний срок, Прощание с Матерой (повести и рассказы), М., 1985.
27. Русская советская литература, Хрестоматия, Л., 1991.
28. Рыбаков А., Дети Арбата, Тула, 1988.
29. Серафимович А., Железный поток, М.,1989.
30. Толстой А., Гадюка//Антология советской прозы 1920–1940, М., 1991.
31. Тургенев И., Отцы и дети, М., 1951.
32. Тынянов Ю., Подпоручик Киже//Антология советской прозы 1920–1940, М., 1991.
33. Федин К., Тишина//Антология советской прозы 1920–1940, М., 1991.
34. Форш О., Одеты камнем//Антология советской прозы 1920–1940, М., 1991.
35. Чернышевский Н., Избранные сочинения, М., 1989.
36. Чехов А., Степь. Повесть.Рассказы, М.,1980.
37. Шишков В., Спектакль в селе Огрызове//Антология советской прозы 1920–1940, М.,1991.
38. Шолохов М., Тихий Дон//Антология советской прозы 1920–1940, М., 1991.
39. Шукшин В., Рассказы, Л., 1983.
40. Эренбург И., Трубка коммунара//Антология советской прозы 1920–1940, М., 1991.
41. Национальный корпус русского языка (http://www.ruscorpora.ru/).